中公新書 2233

日本再建イニシアティブ著

民主党政権 失敗の検証

日本政治は何を活かすか

中央公論新社刊

はじめに

「権力に入るということは、昨日までの友が敵になるということなんですかねえ……」

二〇〇九年九月、民主党政権が誕生してまだ数日しかたっていなかったと思う。鳩山政権で官房副長官として官邸に入った松井孝治《こうじ》氏と電話で話したとき、松井氏がふとこんな感想を口にした。二〇一二年一二月、民主党政権が三年三ヵ月で退場した後、私はそのときの会話を思い出した。

次々と党内に敵が生まれる。ある者は党内反主流となり、別の者は党外に出ていき、敵味方で争ううちに自壊作用が進んだ。二〇年以上に及ぶ「失われた時代」のはてに、政権交代によって日本の出直しをとの期待は泡のように消えた。自民党が再生し、魅力を取り戻したから民主党が負けたのではない。民主党が単に自滅しただけのことなのだ。

そもそも、民主党は政党の理念と基盤とガバナンスを確立できなかった。だから、政権を担当したとき、政策課題の優先順位を明確に設定できなかった。そこでは何よりも政治というアートが不足していた。民主党は、負けるべくして負けたのである。

松井氏との電話での会話のとき、「敵」という言葉の不気味な含意について私はピンと来なかった。民主党の敵は身内にあった。さらには民主党議員一人一人のなかにいた。そのことを民主党は、その後三年三ヵ月の間にいやというほど思い知ることになる。

私もまた多くの日本人と同じように、政権交代に期待しすぎた一人だったに違いない。私は民主党員ではないし、何が何でも民主党と思ったことは一度もない。

しかし、二〇〇九年の総選挙では、自民党にキツいお灸を据えなければ、と思っていた。既得権益にどっぷりつかった自民党政権では身を切る改革はできない。このままでは日本の経済も財政も破綻する。自民党はそれを放置し、ツケを将来世代に回している。

それに、小泉純一郎政権以来、自民党は国民のナショナリズムをかき立てて、近隣諸国との関係をギクシャクさせてしまい、その結果、日本が戦後、世界で勝ち得てきた敬意と評判と地位を突き崩してしまうのではないか、と私は懸念していた。長期政権にあぐらをかき、まともな競争相手がいないからいけないのだ。

民主党は自民党の代案（オルターナティブ）になってくれるのではないかと私は期待した。

その期待が大きかっただけに、民主党政権の不甲斐なさには心底、失望した。民主党は二〇一二年一二月の衆議院選挙、そして、二〇一三年七月の参議院選挙、といずれも惨敗した。もう後がないところまで追い込まれた形である。

民主党政権はどこで間違ったのか。
それは、誰の、どういう責任によるものなのか。
そこから何を教訓として導き出すべきか。

この報告書は、そのような問題関心に正面から応えることを目的としている。報告書はあくまで「民主党政権の失敗」の検証に照準を合わせており、どういう政党として出直すべきかといった再建の道筋について直接、具体的な提案はしていない。私たちは政権党のどの時点で、どのような可能性——人間社会に息づく、そしてそれなしには人間社会が成り立ちえない政治という可能性——がありえたのかを探究し、それを阻んだ制約要因を解明することを心掛けた。再建に向けてのどのような提案も、ここでの教訓を踏まえることが前提となるだろう。

政党は、民主主義体制のなかで、何か日陰者であるかのように扱われがちである。アンドレ・マルローがかつて喝破したように、「正義の政治というものはある。だが正義の政党というものはない」ということなのかもしれない（村松剛『評伝アンドレ・マルロオ』）。

日本の場合、政党をあたかもいかがわしいものであるかのように見る風潮がことさらに強いことも、一人前の政党の成長を阻んできたのではなかったか（例えば、日本国憲法には政党について一切、規定されていない）。しかし、社会に根ざした複数の政党の存在なしに、新陳代謝のある活発な民主主義はありえない。

最近のハリウッド映画『リンカーン』（スティーヴン・スピルバーグ監督、二〇一二年）においても、奴隷解放という「正義の政治」を可能にしたのは、政党政治の現実であったことが鮮明に描かれている。『ニューヨーク・タイムズ』紙のコラムニスト、デイヴィッド・ブルックスはそれを「政治の逆説的高貴さ」と表現している（David Brooks, "Why We Love Politics," *The New York Times*, November 22, 2012）。

「正義の政治」は、諸勢力と諸利害を折り合わせ、一つの方向に束ねていく政党という足場があって初めて可能になる。政党政治の現場におけるラディカルなリアリズムの土壌を常に耕してこそ、理念のオリーブの木の実をならせることができるのである。

二〇〇九年と二〇一二年の二つの選挙における民主党の成功と失敗は、見方を変えれば、野党第一党が総選挙で勝利し政権につく本格的な政権交代時代が幕開けたことを告げてもいる。政権交代が普通になる時代が訪れようとしている。

日本に複数の政権交代能力のある政党があるのが望ましい。それでこそ、日本に政党デモクラシーをしっかりと根づかせることができる。

野党第一党の民主党はとりわけ大きな責任を負っている。

その責任を放棄することは、三年三ヵ月の政権党としての失敗以上に大きな罪を犯すことになるだろう。

日本再建イニシアティブ理事長　船橋洋一

参考文献
村松剛『評伝アンドレ・マルロオ』新潮社、一九七二年
David Brooks, "Why We Love Politics", *The New York Times*, November 22, 2012.

目次

民主党政権　失敗の検証

日本政治は何を活かすか

序章　民主党の歩みと三年三ヵ月の政権

中野晃一

旧民主党の結党から政権交代まで

民主党の歴史は、自民党に代わりうる政権党（オルターナティブ）構築の歴史であった。一九九六年の結党から二〇〇九年の政権交代実現まで、一三年の歩みは三段階に分けることができるだろう。

第一段階は、いわゆる旧民主党の立ち上げである。自民党と新進党の保守二大政党に対して「第三極」を形成することをめざし、鳩山由紀夫と菅直人《かんなおと》を共同代表に、新党さきがけと社民党を主な母体とした。さきがけからは鳩山と菅のほかに前原《まえはら》誠司、玄葉《げんば》光一郎、枝野幸《えだのゆき》男《お》などが、社民党からは赤松広隆らが参加し、日本新党から市民リーグを経由して海江田万《かいえだばん》里《り》も合流している。一九九六年一〇月の総選挙では、社会党出身の仙谷由人《せんごくよしと》や横路孝弘《よこみち》が返り咲き、古川元久や安住淳《あずみじゅん》なども初当選を決めている。

結党に際して発表された「民主党の基本理念」では、自党を「市民の党」「未来志向の政治的ネットワーク」として位置づけ、「資本主義的自由主義」と「社会主義的平等主義」に対して「友愛精神にもとづく自立と共生の原理」を掲げて、自立した「市民」の協働により社会を変えていくことを謳っていた。また「過剰な対米依存を脱して日米関係を新しい次元で深化させていくと同時に、アジア・太平洋の多国間外交を重視」するなど、随所にリベラルな鳩山カラーが現れていた。

第二段階は、一九九八年四月の新民主党の結成である。小沢一郎と袂《たもと》を分かった新進党出身者たちが合流し、民主党は「第一野党」としての地位を確立していく。羽田孜《はたつとむ》、北澤俊《とし》美《み》、鹿野《かの》道彦、岡田克也ら保守系のほか、川端達夫、直嶋《なおしま》正行ら民社系が加わった。同年七月の参院選に続き、二〇〇〇年の衆院選でも党勢は順調に拡大をし、返り咲きを果たした野田佳彦《よしひこ》のほか、細野豪志《ごうし》や長妻昭《ながつまあきら》などが政界入りする。

「私たちの基本理念」が党大会で採択された。「市場万能主義」と「福祉至上主義」の対立を乗り越え「自立した個人が共生する社会」をめざす方針が踏襲されたものの、「市場原理を徹底する」ことを強調するなど、総じて新自由主義的傾向がめだつようになった。また、政治を担う「市民」への言及はほぼ消え、代わりに「国民に政権選択を求めることにより、この理念を実現する政府を樹立します」と、政権志向が打ち出された。

しかし、新自由主義的傾向の強い改革政党として政権交代をめざす民主党の戦略は、二〇〇一年以降、自民党が小泉純一郎のもと、急速に新自由主義転換を進めたことによって混乱を来し、〇三年の民由合併（自由党を民主党が事実上吸収）により大同団結を図る方向に転換する。この第三段階で、新生党から新進党へと進んだ小沢一郎、藤井裕久《ひろひさ》、山岡賢次らによる流れが、新党さきがけ・社民党から旧民主党を結成した流れに合流し、「二大政党」の一方として自民党に対峙する構図が出来上がった。しかし、二〇〇五年の郵政選挙で惨敗を喫し、さらに偽メール問題でつまずいてしまう。

二〇〇六年に小沢が代表に就任すると、菅を代表代行、鳩山を幹事長とするいわゆる「トロイカ体制」を敷き、小泉構造改革の批判を主軸とした「国民の生活が第一」路線へと舵を切る。政策の優先順位を逆転させ、市場競争強化や行政刷新を主眼としそれを補完するための社会保障制度の充実を説く姿勢から、国民の暮らしを守ることを第一目標とし、その財政基盤確保のために行政の無駄を省く方向に転じたのである。これによって、自民党と明確に差別化し、社民リベラルから新自由主義、保守層までを抱える党内を束ね、さらに社民党と国民新党との選挙協力を行うことが可能になった。

小泉後に格差社会批判が起こり、自民党が一年ごとに首相を三人代えて政権担当能力を失うなかで、この作戦は奏功した。二〇〇七年参院選で民主党は大勝して参院第一党となり、政権交代目前までたどり着く。ただし、これを主導した小沢は公設秘書らが政治資金規正法違反で逮捕、起訴されたことにより、二〇〇九年五月に代表辞任を余儀なくされる。

自民党批判はさらに強まり、民主党は二〇〇九年八月衆院選で四八〇議席中三〇八議席と圧勝して、社民党と国民新党との連立による鳩山内閣が発足した。衆院選マニフェストは「国民の生活が第一」を踏襲しており、政治主導を確立することによって、公共事業や天下り法人への補助金などの無駄を一掃し、予算を全面的に組み替えて、子育て・教育・年金・医療など国民生活に直接かかわる政策分野に集中的に振り分けることを掲げていた。

民主党政権の興亡

最初の鳩山内閣は、幹事長として表舞台に復帰した小沢の少なからぬ影響下にあり、まずマニフェストの実行を最優先にした。鳩山は平田オリザらが起草した所信表明演説で、「戦後行政の大掃除」を断行し、「国民のいのちと生活を守る政治」を実現して、「居場所と出番」のある社会を国民と手を携えて築いていくと宣言した。反貧困ネットワーク事務局長の湯浅誠や、自殺対策支援センターライフリンク代表の清水康之を内閣府参与に任命するなど、市民社会からの人材登用もアピールして、華々しい滑り出しだった。

国家戦略局の設置、事務次官会議の廃止、閣僚委員会による政策調整、行政刷新会議の設置、政務三役の増員、政府与党の一元化に政治主導の徹底と、まったく新しい政治を打ち出した。無駄減らしのための「事業仕分け」が話題をさらい、高校授業料無償化、子ども手当の半額支給、外務省における日米間密約の調査などが実施に移された。他方、ガソリン税などの暫定税率廃止を撤回するなど、財源不足からマニフェストをそのまま履行できないことも明らかになっていった。

さらに小沢と鳩山の「政治とカネ」の問題が追及され、また普天間《ふてんま》基地移設問題での迷走のはてに社民党が連立を離脱した。二〇一〇年夏の参院選が迫り、内閣支持率が低迷していた鳩山は辞任を決め、小沢も同時に幹事長を退任させられたのであった。

後任首相になった菅は、反小沢の急先鋒である仙谷を官房長官、枝野を党幹事長に据え、脱小沢を鮮明にして、党内基盤をトロイカ体制からその次の世代へとシフトさせていく。七月の参院選へ向け菅は消費税増税を突如打ち上げたが、その後の説明が迷走したこともあって敗北し、参院で野党に過半数を奪われた。九月の党代表選で一騎打ちとなった小沢に圧勝したが、対立は深まっていった。

代表選の一週間前に、尖閣《せんかく》諸島沖で巡視船への中国漁船衝突事件が起きていた。政権はこの対応で批判を浴び、日中関係が悪化して、内閣支持率が急落していく。ねじれた参院では仙谷と馬淵澄夫《まぶちすみお》国土交通相の問責決議案が可決され、国会運営は厳しさを増していった。

二〇一一年に入って菅は内閣を再改造し、自民党時代から消費税増税論者として知られる与謝野馨《よさのかおる》を、党外から社会保障・税一体改革担当の経済財政担当相として迎え入れた。民主党政権はここから一体改革路線を一貫して進んでいく。また、小沢は陸山会事件で強制起訴となり、党員資格停止処分を受けた。

こうしたなか、三月一一日に東日本大震災が起きた。東京電力福島第一原子力発電所事故が発生し、政府の危機管理能力が決定的に問われた。「脱原発」への政策転換を打ち出した菅に対し、野党が六月に不信任案を提出、小沢グループを中心に党内からも同調する動きが高まった。菅は採決直前に「震災対応に一定のメドがついたら」と演説してその場は切り抜け、再生可能エネルギー特別措置法案などの成立と引き換えに、九月になって辞任した。

そして最後の野田内閣は、消費税増税と一体改革、TPP（環太平洋経済連携協定）交渉参加、日米同盟の深化などを追求していく。また、震災復興のスピードアップをめざし、復興特区法や復興庁設置法を成立させた。しかし、またもや参院で複数の閣僚に対して問責決議を突きつけられ、事態打開のため内閣改造を繰り返していった。

二〇一二年に入ると、いよいよ消費税増税を中心とする社会保障・税一体改革のため、自公両党へ歩み寄っていく。その過程で子ども手当の看板を下ろし、改正児童手当法として成立させた。大飯《おおい》原発の再稼働も決定した。一体改革関連法案は、自公両党との修正協議がまとまって六月に三党合意が成立、衆院で可決された。このとき、小沢グループは反対票を投じ、ついに集団離党・国民の生活が第一の結成まで行き着いてしまう。関連法案は、「近いうちに国民に信を問う」との約束と引き換えに参院で可決・成立した。

尖閣諸島の国有化で日中間の緊張が高まり、野党の攻勢や離党が続く。明確な再選戦略を描けぬままに、野田は党首討論で約束どおり解散を宣言、一二月の総選挙に出た。二三一議席から五七議席へ。予想を超える惨敗で、民主党政権は三年三ヵ月の幕を閉じた。

さらに、二〇一三年七月の参院選で民主党は一七議席しか獲得できなかった（非改選と合わせて五九議席）。集団離党した小沢グループもまた、衆参合わせて九名になった。

検証の方針

国民の熱い期待に乗って誕生した民主党政権は、三年三ヵ月後に、国民の深い失望に追い立てられて政権の座をおりた。民主党は、どこで、何を、どう間違ったのか。どうすればよかったのか。やりとげた成果は、どこにあるのだろうか。

本書は七章に分けて、民主党政権を分析し検証した。第1章のマニフェストは政権獲得の原動力であり、挫折の始まりだった。第2章の政治主導は新政権の旗印だった。財源問題でつまずいた経済財政政策は第3章で検証した。第4章は民主党のアキレス腱といわれてきた外交・安全保障政策を見た。第5章は対象を看板の子ども・子育て政策にしぼってみた。第6章では揺れ続けた政権党内を検証し、第7章で完勝から惨敗へ振れた選挙戦略を分析した。最後に終章で全体を総括している。

過去の検証だけでなく、日本の議会制民主主義の将来のために活かすべき教訓は何か、という視点を大切にした。戦後の長きにわたり一党優位と官僚主導を前提とした政治システムに「第二政権党」（オルターナティブ）たろうと切り込んでいった民主党が直面したさまざまな制度的制約は、今もなお根強く残っているのである。

検証の方法として、民主党議員を中心に二時間ずつのヒアリングを三〇回重ねた。本書で出典を明記していない発言は、すべてヒアリングで得たものである。また、二〇一二年末の衆院選で再選された民主党議員五六人を対象にアンケートを行っており、各所で内容を引用している。これらはプロジェクトチームとして行い、執筆は分担した。

第1章　マニフェスト――なぜ実現できなかったのか

中北浩爾

二〇〇九年八月三〇日の総選挙で四八〇議席中三〇八を獲得し、政権を樹立した民主党は、一二年一二月一六日の総選挙でわずか五七議席に落ち込み、野党に転落した。峻厳《しゅんげん》ともいえる有権者の懲罰を受けたのである。

しかしながら、三年三ヵ月にわたる民主党政権が、少なからぬ政策上の成果をあげたことは否定できない。内政に限ってみても、診療報酬の一〇年ぶりのプラス改定による病院での医師不足の改善、公立高校の授業料無償化による中退者の減少、新しいセーフティーネットとしての求職者支援制度の創設、雇用保険の非正規労働者への適用拡大、生活保護の母子加算の復活など、多くの例を示すことができる。

総じて、民主党政権が、「コンクリートから人へ」をスローガンとして、公共事業費を削減する一方、社会保障費や文教関係費を増加させた意義は小さくない。とりわけ、チルドレン・ファーストという名の下に、妊娠・出産から大学卒業に至るまで一連の子育て支援策が拡充されたことは、それなりに評価されてもよかったはずである。

そうだとすればなおさら、なぜ民主党政権は政策面で低い評価しか得られなかったのか。やはり、二〇〇九年総選挙で掲げたマニフェストを実現できなかったという批判が決定的だったといえる。鳩山政権の後、菅・野田両内閣になると、財政健全化のための消費増税が最大の課題に据えられたが、強い非難を浴びたのは、それがマニフェストに明記されていなかったからだった。最終的に民主党のマニフェストは、「嘘つきの代名詞」と呼ばれてしまうまでになった。

民主党が表看板にしてきたマニフェストの失敗の原因は、いったいどこにあったのか。できるかぎり客観的な分析を心がけることで、この問いに答えていきたい。

1　捻出できなかった財源

実現した政策、失敗した政策

まず、民主党政権が二〇〇九年総選挙のマニフェストをどの程度達成できたのかについて確認することから始めよう。

民主党が二〇一二年一一月二〇日の時点でまとめた文書「09年総選挙マニフェスト　実績検証について」は、マニフェストの「政策各論」に掲げた一六六の項目のうち外交を除く一四九を「実現」「一部実施」「着手」「未着手」の四つに分類している。それによると、「実現」は五一にとどまる。これに対して、「一部実施」は六三、「着手」は二六、「未着手」は九となっている。俗にいう「総崩れ」とまではいえないとしても、マニフェストのうち完全に実施されたのは三分の一強にすぎなかったことを、民主党自身が認めている。

次に、マニフェストで「五つの約束」と銘打たれた重点政策のいくつかを具体的に見ていこう。そのなかで、ほぼ完全に実現したといえるのが、公立高校の実質無償化である。私立高校についても、生徒一人につき年間一一万八八〇〇円の助成が始められた。また、生産費と販売価格の差額を補塡する農家への戸別所得補償も実施し、五ヘクタール以上の大規模コメ農家の約九八％が加入するまでになった。

その一方で、失敗に終わったものも少なくない。ガソリン税などの暫定税率の廃止は、鳩山政権の成立後、わずか数ヵ月で断念された。また、高速道路の無料化は、二〇一〇年度に「社会実験」という名目で約二割についてだけ実施されたが、東日本大震災と福島第一原発事故の発生を受けて翌年度に凍結された。

なかでも迷走したのが、一五歳まで一律に月額二万六〇〇〇円を支給する子ども手当だった。まず二〇一〇年度は、その半分の一万三〇〇〇円の支給が予定どおり実施された。しかし、財源不足のため翌年度以降の満額支給が実現しなかったばかりか、「ねじれ国会」と東日本大震災の発生によって、二〇一二年度から所得制限が導入されるとともに児童手当という名称に戻すといった変更が加えられた。旧児童手当に比べて金額や対象が拡充されたとはいえ、子ども手当としては失敗に終わったといわざるをえない。

無駄な公共事業の象徴として「中止」が明記された八ッ場《やんば》ダムも、大きな失望を買う結果となった。鳩山政権の国土交通相に就任した前原誠司は、初登庁の場で「マニフェストに書いてありますから中止します」と明言したが、地元の住民や自治体、共同事業者の一都五県などから批判の声が上がると、迷走が始まった。大臣が交代するたびに後退を重ね、二〇一一年末に野田内閣の前田武志《たけし》国交相が建設再開を表明することで、最終的に挫折した。

深刻だった財源問題

マニフェストを実施できなかった理由は実に多様だが、先に見た暫定税率の廃止、高速道路無料化、子ども手当などに関するかぎり、直接の原因として重要なのは、やはり財源を捻

1 国の総予算207兆円を徹底的に効率化。ムダづかい、不要不急な事業を根絶する。　（単位：兆円）

区分	平成21年度予算額	説明	節約額
公共事業	7.9	○川辺川ダム、八ッ場ダムは中止。時代に合わない国の大型直轄事業は全面的に見直す。 ○道路整備は費用対効果を厳密にチェックしたうえで、必要な道路を造る。	1.3
人件費等	5.3	○地方分権推進に伴う地方移管、各種手当・退職金等の水準や定員の見直し、労使交渉を通じた給与改定（公務員制度改革後）など様々な手法により、人件費等を削減。	1.1
庁費等	4.5	○天下りの在籍する独立行政法人、特殊法人、公益法人などへの支出（1年に約12兆円）や、国の契約（年間契約8兆円の約半分が随意契約）を見直して、国の政策コスト、調達コストを削減する。 ○補助金改革で関連の事務費、人件費を削減。また国の過剰な基準を強制せず、地域の実情に合った基準を認めることで、低コストで質の高い行政サービスを可能にする。 ○独立行政法人、特殊法人、公益法人の仕事を徹底的に見直し、天下りのためにある法人・仕事は廃止して、その団体への補助金等を削減。	6.1
委託費	0.8		
施設費	0.8		
補助金	49.0		
借金返済等	79.6	○ほぼ全額が国債償還費。	—
年金・医療等保険給付	46.1	○年金、医療、雇用にかかわる保険の給付費用。	—
繰入・貸付金・出資金	9.9		—
その他	2.5	○議員定数削減による歳費カット。 ○予算査定の厳格化。	0.6
	206.5	小計額	9.1

2 税金などをため込んだ「埋蔵金」や資産を国民のために活用する。

改革の対象	説明	活用額
「埋蔵金」の活用	○平成21年度補正予算で乱立した基金、財政投融資特別会計・外国為替資金特別会計の運用益（両特別会計合計で5.0兆円＝平成20年度見込み）などの一部を政策経費に充当する。	4.3
政府資産の計画的売却	○政府の保有する資産（未利用国有地、宿舎・官舎、民営化した会社の株式）などを計画的に売却。	0.7
	小計額	5.0

3 租税特別措置などを見直す。

公平で透明な税制を創る	○不透明な租税特別措置を全て見直して、効果の乏しいもの、役割を終えたものを廃止する。 ○「控除」から「手当」へ転換するため、所得税の配偶者控除・扶養控除を廃止し、「子ども手当」を創設。	2.7

※特定扶養控除、老人扶養控除、障害者控除等は存続させる。年金税制について公的年金等控除拡大・老年者控除復活を実施するので、配偶者控除を廃止しても、年金受給者の税負担は軽減される。

平成25年度に実現	16.8

表1-1　財源リスト（2009年民主党マニフェストより）

出できなかったことにある。

二〇〇九年総選挙のマニフェストは、重点政策の必要経費を賄《まかな》うための財源の一覧表（表1―1）を掲載し、政権担当の最終年度である四年目に、「無駄の排除」で九・一兆円、「埋蔵金の活用」で五兆円、租税特別措置の見直しなどの「税制改革」で二・七兆円、合計一六・八兆円を捻出し、子ども手当や高校無償化をはじめとする新規政策の財源としてあてることを盛り込んでいた。それを前提と

民主党政権が政策を実行する手順をご説明します。

項目	平成22年度	平成23年度	平成24年度	平成25年度
子ども手当・出産支援 年額31.2万円の子ども手当、出産一時金	子ども手当の半額実施 2.7兆円	5.5兆円		
公立高校の実質無償化 私立高校生にも相当額助成	0.5兆円			
年金制度の改革 年金記録問題への対応、新たな年金制度の創設	記録問題への集中対応期間(0.2兆円) （年金制度に関する国民的合意）		制度設計	新たな制度の決定 （法案作成・関連法案成立）
医療・介護の再生 医師不足の解消、新型インフルエンザ対策等、介護労働者の待遇改善	医師不足解消など段階的実施 1.2兆円		1.6兆円	
農業の戸別所得補償 販売農家を対象に所得を補償	調査・モデル事業・ 制度設計	1.0兆円		
暫定税率の廃止 ガソリン税などの暫定税率の廃止・減税	2.5兆円			
高速道路の無料化 原則として、高速道路を無料化	段階的実施		1.3兆円	
雇用対策 雇用保険を非正規労働者に拡大適用、求職者支援等	0.3兆円	0.8兆円		
所要額概算	7.1兆円	12.6兆円	13.2兆円	13.2兆円
上記以外の政策 （後期高齢者医療制度廃止、大学奨学金拡充、最低賃金引き上げ、中小企業支援等）	財源を確保しつつ、順次実施			3.6兆円

平成25年度の所要額: **16.8兆円**

表 1-2　工程表（2009 年民主党マニフェストより）

して工程表（表1－2）では、捻出すべき財源を最初は少なく設定して次第に増やすことにし、一年目に七・一兆円、二年目に一二・六兆円、三年目に一三・二兆円、四年目に一六・八兆円という金額を示していた。

ところが、二〇一二年一一月八日に民主党が発表した資料「マニフェストはどこまで進んだか」によると、結果として捻出できた財源は、マニフェストの目標値に遠く及ばなかった（図1－1）。たしかに、一年目に編成した二〇一〇年度予算では、予定を二・七兆円上回る九・八兆円を確保することに成功した。しかし、その内訳を見ると、一時的な財源にしかならない「埋蔵金の活用」が六・四兆円に達し、「無駄の排除」は二・三兆円、「税制改革」は一・一兆円にとどまった。し

財源確保の状況

未実現

マニフェストで約束したこと　税金のムダづかい根絶、総予算の見直しで16.8兆円を確保する

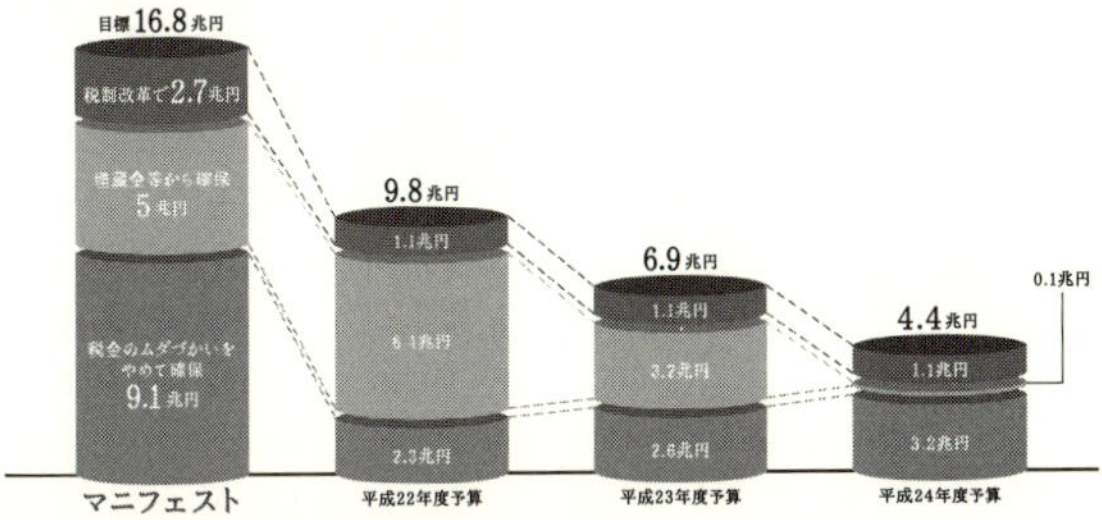

図 1-1　財源確保の失敗を認めざるをえなかった（「マニフェストはどこまで進んだか」より）

かもその後は埋蔵金が減ってきたため、捻出できた財源は、二年目の二〇一一年度予算が六・九兆円、三年目の一二年度予算が四・四兆円と、予定とは逆に年々減少していった。

それだけではない。民主党の別の文書を読むと、財源問題はいっそう深刻だったことが分かる。二〇一一年八月二六日に民主党がまとめた「マニフェストの中間検証」は、二〇一〇年度予算について次のように書いている。

「マニフェスト実施目標額七・一兆円に対して既存予算等から九・九兆円の財源を確保したが、想定外の税収減や社会保障費自然増への対応のためにその一部を充当したことから、マニフェスト政策の実現に充てた財源は三・一兆円となった」

結局、一年目にマニフェストの新規政策のために捻出できた財源は、九・八（九・九）兆円では

なく、三・一兆円だったのだ。その原因は、毎年一兆円を超える社会保障費の自然増などのために必要となる財源を、マニフェストが無視していたことにあった。財政を悪化させずにマニフェストを実施するには、実際には四年目に一六・八兆円を遥かに超える財源を確保しなければならなかったのである。さらにいえば、景気の後退や災害の発生といったリスクも、マニフェストには織り込まれていなかった。

二つの見方

マニフェストの新規政策のための財源を捻出できなかった原因については、民主党の内部で論争が繰り広げられ、結論が出ないまま、今日に至っている。しかも、それが最終的に民主党を分裂に導く一因となった。

一つの有力な見方は、二〇〇六年に代表に就任した小沢一郎が、非現実的なマニフェストを作ったために失敗したのだ、という見方である。

例えば、仙谷由人は、選挙や政局にしか関心がない小沢が「財政的観点から見たらできない約束をした」のが、二〇〇九年総選挙のマニフェストだったと語る。その端緒となったのは、二〇〇七年参院選のマニフェストの原型となった「政権政策の基本方針（政策マグナカルタ）」であり、仙谷は「財源の裏付けのない政策を作るのは大問題であり、信用をなくす」

と批判したが、聞き入れられなかったと証言している。

さらに、その参院選で小沢が民主党を勝利に導くと、執行部への黙従を求める党運営が幅を利かせ、議論が封殺されてしまった。二〇〇九年五月に小沢が西松建設の違法献金事件で代表を退き、代表代行に回った後も、鳩山由紀夫代表の下、こうした状況は〇九年九月の政権交代まで続いた。それこそが失敗の原因だったというのが、仙谷の認識である。

小沢グループの幹部であった東　祥三《あずましょうぞう》は、こうした見方に強く反論して、月額二万六〇〇〇円の子ども手当を含め、民主党政権の下でマニフェストをもっと実現できたはずだったと主張する。優先順位が低い既存の費目を切って、優先順位が高いマニフェストの重点政策に回せばよかったというのである。

なぜ民主党政権はそれができなかったのか。東によると、難しい政治的判断を避け、官僚に依存するようになったからだという。「政治主導であるかぎり、自分が責任をとるから切りなさいと言わなければならない」。そして、経験豊かで指導力（リーダーシップ）がある小沢が政権の中枢にとどまったならば、マニフェストは実現できたはずだと述べる。

小沢が悪いのか。小沢ならできたのか。この問いを避けては、マニフェストの失敗について論じることができない。まずは、小沢が実現困難なマニフェストを作ったという主張の当否について、検討を加えていこう。

2　小沢が実現困難なマニフェストを作ったのか

知られざる岡田修正案

小沢に批判的な人々の間では、岡田克也代表の下で仙谷政調会長を中心に作成された二〇〇五年総選挙のマニフェストが引き継がれていれば、民主党政権はうまくいったはずだという思いが強い。二〇〇六年に代表に就任した小沢が、それを改悪してしまったと考えるのである。

マニフェストの作成に長年かかわってきた福山哲郎《てつろう》は、「二〇〇五年のマニフェストが一番出来がいいと思う」と語っている。岡田は、「〇五年のようなマニフェストであったとしても、〇九年に政権交代は起きたはずだ」と述べている。二〇〇九年総選挙は、民主党が勝ったというよりも、自民党が負けた選挙であったという理由からだ。

そうした意味で注目すべきは、二〇〇九年総選挙のマニフェストに対して、岡田が「新規政策と財源問題について」と題する修正案を提示していたことである。二〇〇九年五月一一日、西松建設の違法献金事件で小沢が代表の辞任を表明すると、代表選挙が実施され、小沢の支援の下、それまで幹事長を務めていた鳩山が勝利したが、僅差で敗れた岡田が幹事長に就任し、すでに取りまとめられていたマニフェストに異議を唱えたのであった。

岡田は、この二ページにわたる六月三日付の修正案について、「当時は一九・八兆円ぐらい財源が出てくると言っていたので、せめて一〇兆円ぐらいに減らそうということで作った」と振り返っている。

この岡田修正案は、「無駄の排除」などで捻出できる金額は想定ほど大きくないという理由から、新政権が無条件で実行する政策（X）と、歳出削減が順調に進んで財源のメドがつきしだい実行する政策（Y）とに分け、捻出すべき財源をXの総額の一〇兆円に抑制しようとするものであった。明確にYに格下げすべきだと主張されたのはガソリン税などの暫定税率の廃止であり、減税でガソリン価格を下げるのは地球温暖化対策にもそぐわないという理由などからだった。子ども手当、高速道路無料化、農家への戸別所得補償などについても、規模を縮小したり、段階的に実施したりすることで、歳出を抑制しようとした。

岡田が代表として作成した二〇〇五年総選挙のマニフェストは、既存の経費を一七兆円削減して財源を捻出し、七兆円をマニフェストに盛り込んだ新規政策に、一〇兆円を財政健全化にあてるというものであった。岡田の説明によると、この総選挙の直後に決定された小泉政権による三位一体改革の結果、地方自治体への税源移譲に関する削減額六・二兆円が実現してしまったので、その分を一七兆円から差し引くと、岡田修正案の一〇兆円に概《おおむ》ね見合うという。経済・財政状況が異なるので単純な比較は難しいが、岡田が二〇〇五年総選挙のマニフェストと同一の発想に立って修正案を出したことは間違いない。

岡田修正案は一定の成果をあげ、財源の規模が一六・八兆円まで縮減された。さらなる削減の可能性もあった。岡田によると、「暫定税率廃止の棚上げについて鳩山代表から了解を得て一四・三兆円まで下げたが、最後に小沢・鳩山両氏に覆されてしまった」という。代表の鳩山、代表代行の小沢・菅・輿石東《こしいしあずま》、幹事長の岡田の五人でマニフェストを最終的に決定した際、一度消えた暫定税率の廃止が再び持ち出され、鳩山と小沢の賛成で押し切られてしまったのであった。

ただし、前述したように、結果だけ見るならば、仮に民主党政権に四年目があったとしても、二〇〇九年総選挙のマニフェストの一六・八兆円はおろか、岡田修正案の一〇兆円ですら、新規政策のために捻出することはできなかったであろう。

積み重なる新規政策

小沢が非現実的なマニフェストを作ったという主張の根拠の一つは、岡田修正案をめぐる経緯にあるが、別の見方も存在する。

政調筆頭副会長として二〇〇九年総選挙のマニフェスト作成の実務にあたった細野豪志は、

かねてから財源が厳しいと考えていたこともあり、岡田に同調して、マニフェスト作業チームの内部で財源の組み直しを主張したが、受け入れられなかったと証言している。マニフェスト作成の実務にあたるメンバーは二〇〇三年以来あまり変わっておらず、自らを含め、それまで積み上げてきた政策を変更するのを嫌ったのだという。「過去主張してきたことを変えるには何らかの理由が必要だったが、野党なのでなかなか根拠を見出すことができなかった」。

岡田も、この事実をある程度認める。「そういったことはあったと思う。子ども手当について いえば、小沢代表の指示で月額一万六〇〇〇円から突然二万六〇〇〇円に増え、それが当たり前になっていたから、もとに戻すことに抵抗があった。抑制しようとした私は女性議員何人かに取り囲まれて、ずいぶん怒られた」。岡田修正案がうまくいかなかった原因が小沢にあるのは否定できないが、それだけではなかった。

この問題を考えるためには、マニフェストの重点政策がどのように変わってきたのかを分析する必要がある。そこから見出される一つの明確な傾向は、選挙のたびに目玉となる新たな政策が付け加えられ、累積していったことである（図1－2）。福山哲郎も、「小沢代表になって必要財源がどんどん膨らんだ」と述べる一方で、二〇〇九年総選挙のマニフェストについて、「決してバラマキを目的としていたわけではなく、野党としての蓄積が多くなって、

	高速道路無料化	最低保障年金	子ども手当	農業戸別所得補償	高校無償化	暫定税率廃止
2003年総選挙		(国民基礎年金)				
2004年参院選			金額不明	(直接支払)		
2005年総選挙			月額 16000 円			
2007年参院選			月額 26000 円			
2009年総選挙						

図 1-2　積み重ねられた重点政策

やりたい政策が増えてきた結果だった」と指摘している。

このような新規政策の累積は、いくつかの複合的な要因によって生じた。代表を中心とする執行部からすれば、選挙のたびに新たな重点政策を掲げ、有権者の注目を集めて勝利したい。前原代表から小沢代表にかけて政調会長を務めた松本剛明《たけあき》は、「党首が党内議論なしに重点政策を打ち上げることが容認されてきた。小沢代表は党内議論を経ずに国会の発言で子ども手当を増額し、菅直人代表はマニフェスト作成時に高速道路無料化を入れ込んだ」と振り返っている。

そうして新たな重点政策が付け加えられると、撤回や縮減が難しくなる。前執行部の方針を否定するならば軋轢《あつれき》が生じるし、いったん決定されると、その政策の支持者が、政策調査会の各部門会議といった党内だけでなく、一般の有権者や各種の関係団体などにも生まれるからだ。それを修正するなら、国民やマス・メディアに理由を説明しなければならない。マニフェストに盛り込まれる重点政策は、いうなれば下方硬直性をもつのである。

このことをマニフェストに盛り込まれた新規政策の必要経費を通じて

確認しよう。まず菅代表の下で作成された最初の二〇〇三年総選挙のマニフェストでは、約二・五兆円という金額が記載されていた。それが二〇〇五年総選挙で七兆円、〇七年参院選においては九兆円となり、さらに〇九年総選挙で一六・八兆円へと膨張したのである。二年ごとの選挙のたびに倍々ゲームのように増加してきたことが分かる。

以上見てきたように、財源の裏付けの乏しいマニフェストになった責任が小沢にあるとしても、それだけではなく、民主党の選挙戦術や組織のあり方にも原因が存在していたということができる。

財政健全化と消費増税

以上、新規政策のための財源について検討を加えてきたが、小沢がマニフェストを実現困難なものにしたと批判する場合に問題にされるのは、さらに以下の二点である。

第一に、財政健全化という目標を事実上放棄したことである。民主党は元来、自民党に比べて財政健全化に熱心だった。菅代表の下で作成された二〇〇三年総選挙のマニフェストは、具体的な数字を明記していなかったとはいえ、財政健全化を方針として掲げた。さらに、岡田代表の時期になると、財政健全化が前面に押し出されていく。とりわけ二〇〇五年総選挙のマニフェストでは、新規政策のための必要経費七兆円を捻出するのとは別に、三年間で一〇兆円の歳出をカットして財政健全化にあて、国債発行額三〇兆円未満、プライマリー・バランス（基礎的財政収支）の赤字半減を実現すると謳った。

ところが、小沢が代表に就任すると、財政健全化の方針が後退していった。二〇〇七年参院選のマニフェストでは、四年後のプライマリー・バランスの黒字化を目標とする一方で、それを実現するための方策を数値で示さなかった。そして、二〇〇九年総選挙のマニフェストにおいては、財政健全化にまったく言及しなくなった。岡田修正案は「新たな財政再建目標」を明記すべきだと主張したが、受け入れられなかったのである。

第二は、消費増税に消極的になったことである。すなわち、民主党は菅代表の時代から全額税方式による最低保障年金（国民基礎年金）の創設をマニフェストで訴え、二〇〇四年参院選以降、岡田代表の下で、そのための年金目的消費税の導入を明記してきた。税率は三％程度が想定されていた。しかし、小沢の代表就任後、二〇〇七年参院選のマニフェストは、年金目的消費税の導入を盛り込まず、六・三兆円の歳出削減によって、現行の五％の消費税の全額を年金基礎（最低保障）部分に投入できるようにすると記した。

二〇〇九年総選挙のマニフェストでは、「消費税を財源とする『最低保障年金』を創設」すると表明しつつ、その実施を次の総選挙後に先送りした。これを受けて鳩山代表は、マニフェストを発表する記者会見で、「四年間は増税の必要はない」と明言した。それに対して、岡田修正案は、「消費税は四年間増税しないと断言することはよい」と書く一方で、「年金制度やその他の社会保障制度の設計にあたり、消費税の議論は行うとのスタンスが必要」と強調していた。

ここで注意しなければならないのは、民主党のマニフェストが、岡田代表の時期を含めて、既存の歳出をカットすることによって財政健全化を実現すると謳ったのであって、消費増税はあくまでも最低保障年金の財源として位置づけられたことである。要するに、民主党は二〇〇九年の政権交代に至るまで、財政健全化のための消費増税をマニフェストに掲げたことが一度たりともなかったのである。

もっとも、財政健全化のための消費増税の必要性は、小沢に距離がある人々の間で強く認識されていた。例えば、菅は、「社会保障費が毎年一兆円ずつ増えるので、消費税を引き上げなければならないのは以前から分かっていた」と述べている。仙谷も同様の証言をしている。さらに、前原誠司は、『中央公論』二〇〇八年七月号の与謝野馨との対談で、「我々も、年金目的の三%に加えて、医療や介護のためにさらに税率の引き上げが必要だとしたら、逃げずに説得する必要があります」と語っていた。

しかし、結局のところ、民主党は財政健全化のための消費増税に踏み出せなかった。その理由について、政調会長として二〇〇九年総選挙のマニフェストを作成した直嶋正行は、

「財政赤字のツケを払うため消費増税をお願いします、と有権者に言うのは難しかった」と説明している。仙谷も、「年金目的消費税ですら批判が強かったのに、財政健全化のための消費増税については、選挙の考慮からとても書き込めなかった」と振り返っている。

3　小沢ならマニフェストを実現できたのか

二〇一〇年度予算編成と党の重点要望

それでは、強力な指導力をもつ小沢であればマニフェストを実現できたはずだという主張についてはどうか。これを検証する最初のポイントは、二〇〇九年九月の鳩山政権の成立に伴い民主党幹事長に就任していた小沢が、年末に多数の党幹部を引き連れて首相官邸で行った、二〇一〇年度予算に関する党から政府への一八項目の重点要望である。そこに至る経緯から始めよう。

一〇月一六日に取りまとめられた二〇一〇年度予算の概算要求は、マニフェストの新規政策が盛り込まれたこともあって、過去最大の九五兆円にまで膨張した。そこで、鳩山首相は、一一月二日の衆議院予算委員会で、「事業仕分け」などによって概算要求を切り詰めて新規国債発行額を抑制する意向を示し、前の麻生太郎政権による二〇〇九年度予算と第一次補正予算の合計の四四兆円を超えないよう努力すると述べた。だが、その一方で、「マニフェストで謳ったことは着実に一つ一つ実現をさせていく、それが国民の皆さんとの契約だと思っております」とも発言した。

この当時、行政刷新相を務めていた仙谷によると、四四兆円という枠の設定を主導したのは、財政規律を重視していた藤井裕久財務相と仙谷自身だった。仙谷は藤井に対して「暫定税率の廃止はやめましょう」と提案していたが、鳩山首相が「マニフェストは守らなければならない」と主張したため、自縄自縛《じじょうじばく》に陥ってしまったという。

しかも、世界金融危機を背景とする景気の悪化は、深刻だった。二〇〇九年一一月半ばには、〇九年度予算の税収見積もりが、当初の四六兆円から三七兆円へ落ち込む見通しになった。概算要求の無駄を洗い出すため、行政刷新会議による「事業仕分け」が一一月一一日から行われたが、削減額は三兆円という目標に遠く及ばない約七〇〇〇億円にとどまった。そこで、新規国債発行額の上限を「約四四兆円」に後退させたが、それでも予算編成は難航を極めた。

ここで動いたのが、幹事長として党を率いていた小沢だった。総括副幹事長だった細野によると、小沢は「枠がはまったらはまったで、優先順位をつけてやればいい」と語っていたという。党内では四四兆円の枠に対する不満がかなり強かったが、小沢は政府が決めた枠を受け入れたのである。そして、一二月一六日に示した政府への重点要望で、ガソリン税などの暫定税率の維持や、子ども手当への所得制限の導入といったマニフェストの修正を打ち出し、財源難で立ち往生する政府に「助け舟を出した」（細野）。鳩山首相は子ども手当の所得制限は拒否したが、暫定税率の維持については受諾し、一二月二五日に二〇一〇年度予算案が閣議決定された。

重要なのは、財源不足に対処するためマニフェストを最初に修正させたのが小沢だったことである。野田佳彦は「暫定税率の廃止をあきらめたのは小沢氏であり、マニフェストを実現できなかったのは党全体の共同責任だ」と述べるが、正鵠《せいこく》を得ている。仙谷や藤井も政権内部で暫定税率の維持を主張してはいたものの、マニフェスト順守の壁を突破してそれを実現させたのは小沢の強力な指導力だったということを忘れてはならない。

小沢はその一方で、参院選をにらみ、新幹線と高速道路の整備や農業の土地改良予算の半減なども重点要望に盛り込んでいた。この土地改良予算の半減は、自民党の支持基盤の一つである全国土地改良事業団体連合会（全土連）の野中広務《ひろむ》会長を事実上屈服させたことで注目を集めた。選挙で票を集めるため、あるいは自民党の基盤を切り崩すためなら、予算を増やしもするし削りもする、という豪腕ぶりを小沢は示したのである。

官房副長官を務めていた松井孝治は、次のように証言している。「この重点要望で政府与党一元化が崩れた半面、政府は助けられた。小沢幹事長はトラック協会に一定規模の交付金を残すことで取引して、暫定税率の廃止をあきらめさせ、交付金より二桁は多い税収を確保することに政治的に成功した」。

こうしたことを踏まえて考えると、細野の次の証言は比較的公平な評価であろう。「小沢氏ならばマニフェストを実現できたパーセンテージが上がったと思うが、彼自身が暫定税率の廃止を早々に断念したから、全部やるのは無理だと分かっていたと思う」。

そして、小沢がマニフェストの修正を認めざるをえなかった一因は、財政健全化の必要性について否定せず、四四兆円という枠を受け入れたことにある。このことは、次の財政健全化のための消費増税について考えるうえでも重要である。

幻の鳩山参院選マニフェスト

前述したように、財政健全化のための消費増税は二〇〇九年総選挙のマニフェストに明記されておらず、野田首相が一二年八月一〇日の社会保障・税一体改革関連法の成立後に陳謝することになる。そして、民主党は消費増税をめぐって内部対立を起こし、それに反対する小沢らが離党するに至る。だが、小沢はマニフェストを順守すべく、財政健全化のための消費増税に徹頭徹尾反対したのであろうか。次の検証のポイントをここに置きたい。

二〇一〇年度予算案は、暫定税率の廃止を断念したとはいえ、マニフェストに従い、子ども手当の半額支給、農家の戸別所得補償、高校授業料の無償化などが盛り込まれた結果、過去最高の四四兆三〇三〇億円の新規国債の発行を余儀なくされ、当初予算としては戦後初めて借金が税収を上回った。ここから財政健全化のための消費増税が浮上してくる。

最初に動いたのは、仙谷行政刷新相だった。二〇〇九年一二月二七日のNHKの討論番組で、消費増税の議論を始めて次期総選挙で民意に問わなければ財政がもたない、と発言したのである。仙谷は、「野党時代から無駄の排除でそんなに財源は出ないし、消費増税は必要だと思っていたが、事業仕分けを自分でやってみて実際に分かった」と回想している。

それに続いたのが、国家戦略相から財務相に横滑りしていた菅直人だった。菅は以前から消費増税に積極的な考えをもっていたが、ギリシャで財政危機が深刻化するなか、二〇一〇年二月五日からカナダで開かれた先進七ヵ国財務相・中央銀行総裁会議（G７）に出席し、日本財政への懸念を多数聞かされたことで危機感を強め、消費増税による財政健全化へと向かっていった。

そうしたなかで、二〇一〇年参院選のマニフェストの作成作業が進められ、鳩山政権下でひとまず完成した。この幻の鳩山マニフェストを具体的に見ると、最後にではあるが「財政健全化」の項目が置かれ、一五年度までに基礎的財政収支の赤字（対GDP比）を一〇年度の半分以下にし、二〇年度までに黒字化を達成するという目標が掲げられている。そして、それに向けて、「次期総選挙後」に「消費税を含む税制の抜本改革を速やかに実現する」という文言が書き込まれている。民主党は、消費増税による財政健全化を初めてマニフェストに明記することを決めたのである。

なお、この鳩山マニフェストには、その他にも二〇〇九年総選挙のマニフェストからの修正点が見られる。例えば、子ども手当に関しては、「財源を確保しつつ、すでに支給している『子ども手当』を一万三〇〇〇円から上積みします」「上積み分については、地域の実情に応じて、現物サービスにも代えられるようにします」などと記し、二〇一一年度から月額二万六〇〇〇円の全額支給、という方針を事実上撤回した。

ここで重要なのは、小沢幹事長が同意したからこそ、こうした鳩山マニフェストがまとまったことである。その作成にあたったのは、政府側が仙谷国家戦略相と古川元久内閣府副大臣、党側が高嶋良充《よしみつ》筆頭副幹事長と細野総括副幹事長だったが、その細野によると、「小沢幹事長は消費増税を掲げると選挙で厳しいと一貫して主張していたが、それを説得し、最終的に納得してもらった」。小沢は、消極的にではあったが、財政健全化のための消費増税を受け入れたのである。

この事実は、民主党政権が瓦解した原因を探るうえで重要な意味をもっている。鳩山マニフェストを基本的に維持して参院選を戦っていれば、勝利することができたかどうかは別にしても、消費増税をめぐる民主党内の亀裂が深刻化せずに済んだ可能性があるからだ。

参院選敗北と党内対立

ところが、鳩山と小沢の「政治とカネ」の問題、普天間基地の県外移設の挫折と社民党の連立離脱、それらに起因する内閣支持率の急落などを背景として、鳩山は二〇一〇年六月二日に退陣を表明した。そして、小沢について「しばらく静かにしていただいたほうがいい」と語った菅財務相が代表選挙で勝利を収め、八日に首相に就任した。これを受けて、内閣支持率が急激に回復した。

菅代表は、翌七月の参院選へ向けて、鳩山マニフェストに変更を加えた。すなわち、最初に「強い財政」の項目を据え、「今すぐやること」として「早期に結論を得ることをめざして、消費税を含む税制の抜本改革に関する協議を超党派で開始します」と記したのである。三日ぐらい徹夜で書き直したという細野は、この修正を「菅代表の強い意志だった」と明らかにしたうえで、「ギリギリのところで折り合っていた文面を修正して消費増税を前面に押し出した結果、小沢前幹事長との間で相当の溝ができてしまった」と回想する。

菅は、さらに前のめりになった。六月一七日のマニフェストを発表する記者会見で、「当面の税率は、自民党が提案している一〇％を一つの参考にしたい」と発言したのである。菅自身が「戦術的な失敗だった」と振り返るこの発言について、当時の選挙対策委員長の安住淳は、こう解説する。「世論調査をやったら、六〇議席に届くという凄まじくよい予測が出た。もっと少ない数字だったら、そんな危険な行動に出なかったと思う」。

消費税一〇％発言によって民主党の苦戦が伝えられるようになると、菅は増税後の低所得者対策に言及したが、一貫性を欠き、かえって批判が強まった。そして、七月一一日投票の参院選で、民主党は改選前から一〇減の四四議席と惨敗し、国民新党を含む与党全体の議席でも一〇九と過半数を割り込んだ。しかも、社民党が連立を離脱した結果、再議決に必要な衆議院の三分の二の議席ももっていなかった。

参院選の敗北によって「ねじれ国会」に陥ったことは、民主党政権に深刻な打撃を与えた。安住は言う。「参院選の敗北はミッドウェー海戦の敗北のようなもので、その後は主体的にものを考えて仕掛けるだけの力がなくなってしまった」。財源の捻出をはじめ必要な法案の成立が困難になり、マニフェストの実現がさらに難しくなったのである。

それだけではない。この参院選の敗北によって、民主党は正統性あるマニフェストを失ってしまった。二〇〇九年総選挙のマニフェストは、財政健全化のための消費増税を盛り込んだ一〇年参院選のマニフェストに取って代わられるはずだったが、それに対する有権者の信任を得られなかったからである。その結果、民主党は、二〇〇九年総選挙のマニフェストをめぐって、その順守を主張する小沢グループと、修正を説く反小沢グループの不毛な対立に陥っていった。二〇一〇年九月一四日の代表選挙では、菅と小沢が直接対決するに至り、菅が勝利したが、内部対立はいっそう深刻化していった。

さらに、二〇一一年三月一一日に東日本大震災が発生すると、財源の捻出が決定的に困難になった。子ども手当や高速道路無料化に見られるように、二〇〇九年総選挙のマニフェストは後退に後退を重ね、菅内閣とその後継の野田内閣は財政健全化のための消費増税にますます突き進み、それが小沢を離党に追いやることになった。二〇一二年七月二日に離党届を提出した小沢は、記者会見の席で、マニフェストの修正に無関係だったかのように、「国民との約束を守ろうとする者たちを、国民との約束を棚上げにする者たちが処分するとは本末転倒な話だ」と語った。

小沢が実現困難なマニフェストを作ったのか。それとも、小沢だったらマニフェストを実現できたのか。それぞれ一定の説得力をもちながらも、あまりにも単純すぎるこの二項対立は、マニフェストが最終的に行き詰まるなかで出来上がった図式であった。それは、民主党のマニフェストの失敗の原因を誰かに負わせることで、より本質的な問題を見失わせてしまいかねない。我々は、マニフェストそのものが内在的に抱える問題にこそ目を向けなければならない。

4　マニフェストが失敗した原因

財源リストと工程表

福山哲郎は、次のように語っている。「世界金融危機による税収減や毎年一・三兆円の社会保障費の自然増などに対応してマニフェストを修正しようとすれば、マニフェスト違反だと言われ、マニフェストを忠実に行おうとすると、今度はマニフェスト至上主義だと批判された。民主党政権の三年半、どちらを向いても批判される状況にずっと悩まされた」。かくも相矛盾する批判が、なぜマニフェストに向けられてしまったのか。

そもそもマニフェストとは何か。その導入を主導した21世紀臨調（新しい日本をつくる国民会議）は、二〇〇三年七月七日に発表した「政権公約（マニフェスト）に関する緊急提言」で、次のような定義を示している。「政党が政権任期中に推進しようとする、政権運営のための具体的な政策パッケージのことであり、①検証や評価が可能であるような具体的な目標（数値目標、達成時期、財源的な裏づけ等）、②実行体制や仕組み、③政策実現の工程表（ロードマップ）をできうるかぎり明確なかたちで示した、『国民と政権担当者との契約』にほかならない」。

従来の選挙公約は「ウィッシュ・リスト」であり、抽象的な目標や願望の総花《そうばな》的な羅列であったため、実行されない項目が多く、検証することも困難だった。それでは、有権者の選挙での投票、とりわけ総選挙での政権選択が政策本位になりえない。だからこそ、選挙の際に掲げる公約と政権獲得後に実施する政策とを一致させるべく、数値目標・達成時期・財源の三点セットや工程表を備えたマニフェストを各党が作成して総選挙を戦い、政権獲得後には「国民との契約」として政治主導により断行することが求められたのである。

しかし、マニフェストが、イギリスから日本へ輸入される段階で、このように財源などについて具体的な数値を明記する「国民との契約」として定義されたことにこそ、前記のような相矛盾する批判をもたらす原因が伏在していたと言わなければならない。選挙の際の公約と政権獲得後の政策を一致させることは、状況変化に対応する柔軟性を奪うことにもなるし、具体的な数値を公約させて検証可能性を担保することは、計画どおりにすべてを行うのが不可能な現実のなかで、約束違反という批判を必然的に招き寄せてしまうからである。

民主党は、21世紀臨調と歩調を合わせて、二〇〇三年総選挙でマニフェストを率先して導入したが、それでも当初は、財源などについてかなりの曖昧《あいまい》さを残していた。そうした意味での完成度を飛躍的に高めたのは、二〇〇七年参院選のマニフェストであった。各論に入る前の最後のページではあったが、重点政策を実施するのに必要な経費とそのための財源の一覧表を掲載したのである。そして、二〇〇九年総選挙のマニフェストでは、このような財源リストに加え、重点政策の冒頭のページに政権獲得後の四年間でそれを実施するための工程表を掲載した。

重要なのは、財源リストも工程表も、前述したマニフェストの定義に基づいて盛り込まれたことである。福山は「財源と目標と期限を明示するというのが、マニフェストのそもそもの定義だったわけで、それをより充実させようとした」と述べている。加えて、自民党に対抗して政権担当能力を示すという狙いもあった。福山は言う。『『民主党は対案を出せ、財源を示せ』というのが、政治討論会などでの自民党の最大の攻撃材料であり、それに対応しなければならなかった」。

二〇〇七年参院選の際の政調会長の松本剛明も、二〇〇五年総選挙の大敗から反転攻勢に出るために従前より踏み込もうとの流れもあり、「財源や期限と言い続けてきた以上、出さないわけにはいかなかった」と証言している。松本は、二〇〇九年総選挙のマニフェストの工程表の発案者の一人でもあったが、「政策を段階的に実施する、あるいは任期の四年よりも先送りすることで、捻出しなければならない財源を減らす方法として工程表を考えた」と述べている。つまり工程表には、時間軸を導入することで財源リストをより実行可能なものにするという目的もあったのである。

財源リストと工程表を備え、細かい数値で固められたマニフェストは、総選挙で勝利することを通じて「国民との契約」になった。その帰結として民主党は、状況変化に対応して少しでもマニフェストを修正すると約束違反と攻撃され、その一方で、そうした非難を回避するためにマニフェストを順守すれば柔軟性を欠いてしまう、という苦しい状態に追い込まれた。結局、政権運営上の責任からマニフェストの修正を進めた民主党政権は、「嘘つき」という厳しい批判を浴びる結果となった。

過大な数値になった理由

もちろん、マニフェストが実現可能な数値を盛り込んでいれば、そうした批判を免れることができたはずである。もしも、どこまで実現可能か正確に算出できないとするならば、なぜ抑制的な数値にとどめなかったのか。あえて強い表現を用いると、マニフェストが数値のウィッシュ・リストになるのを、どうして防げなかったのか。

既述のとおり、二〇〇九年総選挙のマニフェストの財源の裏付けが乏しくなったかなりの責任が小沢にあることは否定できない。当時の政調会長だった直嶋によると、財源について問われた小沢は、「何とかなるって。金なんかいっくらでも、あるんだから」と繰り返し述べたという（直嶋正行『次の、日本。』）。小沢の側近の鈴木克昌《かつまさ》も、「金は財務省が出してくるから心配しなくていいとあの人は本当に思っている」と証言している。また、鳩山内閣の財務相を務めた藤井裕久も、政権交代前には小沢と同様の発言を行っていたという証言が多数ある。

ただし、重要なのは、小沢や藤井の政治的キャリアの重みもあって、彼らの発言に懐疑的な議員も十分な根拠をもって反論できなかったことである。そこに選挙への考慮が加わって、新たな重点政策が積み重なっていった。

マニフェストの新規政策のための財源が、そうであったとすれば、ましてや将来の見通しについては、確信をもてる数値など存在するはずがなかった。景気の変動や災害の発生を正しく予測できるわけがない。それどころか、二〇〇九年総選挙のマニフェストは、次期総選挙までの四年間の工程表を備えながら、自民党政権からの課題だった一兆円を超える社会保障費の自然増すら織り込んでいなかったのである。

その理由について、細野は次のように証言している。「経済成長のシミュレーションをして税収の変化を予測し、予算をどう組むか考えるべきだという議論はあったが、正確にはできないということで断念した。たしかに、世界金融危機による税収減は明らかだったし、社会保障費の自然増も分かっていた。しかし、それらを織り込むと四年間の税収の見通しも書かなければ整合性がとれなくなってしまうため、結局そのような要素を全部捨象した」。

福山は別の理由もあげる。「税収減を想定に入れてディスカウントしたマニフェストを作ったとすれば、おそらくマス・メディアは政権を目の前にして腰が引けたといった批判をしたはずだ。正直なところ、政権をとるために、それは避けたかった」。

将来の状況変化を正確に織り込むことはできないし、選挙にマイナスの影響を与える要素についてはマニフェストの外に置いておきたい。そうして作成されたマニフェストを予定どおりに実現できなかったのは、なかば必然的だった。実際、前述したように、二〇一〇年度予算では、予定を上回る九・八（九・九）兆円の財源を確保したが、世界金融危機による税収減や社会保障費の自然増のため、そのうちマニフェストの新規政策には三・一兆円しかあてられなかったのである。財政健全化のための消費増税を盛り込めなかったのも、前述したように、選挙対策上の考慮からであった。

共有されなかったマニフェスト

マニフェストの修正の是非をめぐって党内対立が激化し、党の分裂にまで至った重要な原因は、マニフェストの作成プロセスにもあった。二〇〇九年総選挙について見てみよう。

直嶋によると、マニフェストの作成作業は、次の内閣（ネクスト・キャビネット）の大臣が仕切る政調会の各部門会議が、取り上げるべき五～一〇の項目をそれぞれピック・アップすることから始められた。それを、政調会長を中心とする「マニフェスト作業チーム」が集約し、練り上げていった。初期の段階では政調会長以外に四～五名で極秘で進め、中期の段階では一〇人ほどに拡大して行われ、最終段階では代表も加わり、その意向を反映させたという。これを受けて、最後に党首脳を含む三役会議で決定された（直嶋正行『次の、日本。』）。

ここから分かるように、作成プロセスの最も重要な部分、つまり、いかなる政策を取り上げ、どの順番に並べ、どういうニュアンスで書き込むのかといった作業については、一部の国会議員と最高幹部によって秘密裏に行われた。それは選挙対策上の考慮からであった。福山は、「基本的に結党以来の議論の蓄積のなかで出てきたものであり、突然現れたような内容ではない」と断ったうえで、「事前に漏れることで、個別の政策について実現可能性がないとか、これが入っていないとかいったネガティブ・キャンペーンの材料にされることを恐れた」と証言している。

そこで、総選挙の直前まで内容を知ることができなかった一般の国会議員から、「自分たちの知らないうちに出来上がっていた」「決定のプロセスが不透明だ」といった批判が出た。具体的な政策では、アメリカとの自由貿易協定（FTA）の「締結」という文言について、農業団体や関係議員から反対意見が噴出し、結局、選挙対策上の考慮から「交渉を促進」に修正された。マニフェストは、党員や支持団体はおろか、国会議員の間ですら十分に共有されていないという脆《もろ》さを抱えていたのである。

ただし、福山によると、マニフェスト選挙が始められた二〇〇三年のときは、党の地方組織や連合などの支持団体の意見を聞いて反映させる、参加型の作成プロセスが採用されていた。これは、マニフェストの輸入先のイギリス労働党を参考にしたものであった。ところが、その最終段階では、有権者にアピールする重点政策がトップダウンで盛り込まれた。菅代表が主張した高速道路無料化であり、学校週五日制の見直しである。さらに、やがて参加型の作成プロセスは失われていき、公開性や合意形成がなおざりにされてしまった。

民主党は二〇〇三年以来、選挙で公認する条件として、すべての候補者に、マニフェストを順守する旨の誓約書に署名を行わせていた。しかし、処分の決定権をもつ執行部がマニフェストの修正を主導する場合、そうした縛りは意味をなさなくなる。そして、国会議員の間ですら十分に共有されていないというマニフェストの弱点は、政権運営上の必要性から修正が進められると、一気に露呈した。党が一丸となって、厳しい現実のなかでマニフェストを最大限実現していこう、ということにならなかったのである。

二〇一〇年九月一七日に始まる菅改造内閣のある大臣は、次のように振り返る。「マニフェストを是が非でも実現していかなければならないというこだわりが、閣僚の間にほとんどなかった。あれは小沢さんが作ったもので、我々には関係ないという空気が蔓延《まんえん》していた」。他方、小沢は、自らの正統性を示すため、総選挙で「国民との契約」になったマニフェストの順守を訴えた。こうした修正か順守かというマニフェストをめぐる二者択一は、最終的に民主党を分裂に至らしめた。

マニフェストの失敗を乗り越える

以上のように、マニフェストは大きな問題を内在的に抱えていた。将来の状況変化はおろか、財源についても不完全な情報しか持ちえないなかで、選挙対策上、盛り込まれる数値が膨らんでいった。しかも、同じく選挙対策の観点から、マニフェストの作成プロセスは閉鎖的になり、国会議員の間ですら十分に共有されなかった。政権の座につくと、そうした問題が顕在化し、「ねじれ国会」に陥ったことも加わって、マニフェストは修正を余儀なくされ、約束違反という批判と党の分裂とを招いたのであった。

民主党は、二〇一二年総選挙のマニフェストを、従来のものから大きく変化させた。数値目標を大幅に減らし、財源リストや工程表を削ったのである。その代わりに前面に掲げられたのが、「民主党の理念」であった。また、作成プロセスも変更され、全国各地で政策進捗報告会が開催されるとともに、地方組織を含む党内での意見交換を重ねたうえでまとめられた。たしかにマニフェストという名称は維持されたものの、その定義からすれば、内容的に後退したのである。

これを否定的に捉えるのか、それとも肯定的に評価するのかは、意見が分かれるところであろう。実際、当財団が行った民主党の衆議院議員へのアンケートの結果を見ても、今後も数値目標・達成時期・財源を明記するマニフェストを掲げるべきかどうかについては、賛否が入り混じっている。賛成という回答がやや多いが、そうした回答にも、「状況の変化に柔軟に対応できるようにすることも必要」（岡田克也）、「理念とシンプルな方向性を示せばよい」（野田佳彦）といったコメントが付されている場合が少なくない。

ヒアリングでも同様である。「マニフェストがあったからこそ、民主党政権は多くの政策を実現できた」（福山哲郎）、「政権を失う結果にはなったが、漠然とした公約ではなく検証可能なマニフェストを提示することを否定してはならない」（逢坂誠二《おおさかせいじ》）といった意見がある一方で、「四年も先まで精緻な数値を求めること自体、ナンセンス」（安住淳）、「数値目標を設定したほうがうまくいくというのは政治として稚拙だった」（仙谷由人）という声が聞かれた。

政調会長として二〇一二年総選挙のマニフェストを作成した細野豪志は、次のように語っている。「東日本大震災のような想定外の事態を目の当たりにして、選挙で有権者と約束した工程表のとおりに四年間政治を行うというのが、いかに非現実的であり、政治家の責任放棄かということが身にしみて分かった。具体的に書ける政策は提示したほうがいいとしても、それ以外については、理念を掲げて有権者に選択してもらい、それに基づき政治家が状況を見ながら責任をもって決めていくべきではないか」。この総選挙で敗北して政権から転落した後、幹事長に就任した細野は、民主党の理念を明確化すべく綱領の作成を急ぎ、二〇一三年二月二四日の党大会で制定された。

民主党の再生、より広く言えば、自民党に代わって政権を担いうる勢力の再生は、三年三ヵ月にわたる民主党政権のマニフェストの失敗を直視し、それを乗り越えることなしにはありえない。そうした作業は、まだ緒に就いたばかりである。

参考文献
直嶋正行『次の、日本。』時事通信社、二〇一二年
中北浩爾『現代日本の政党デモクラシー』岩波新書、二〇一二年
細野豪志『未来への責任』角川ｏｎｅテーマ21、二〇一三年
薬師寺克行『証言　民主党政権』講談社、二〇一二年

第2章　政治主導――頓挫した「五策」

塩崎彰久

政治主導の強化を通じた統治システムの改革は、民主党の結党以来の党是であった。その哲学は二〇〇九年総選挙のマニフェストにおいて、冒頭ページの政権構想「五原則五策」に明示されている。

政権構想「五原則」の原則第一には「官僚丸投げの政治から、政権党が責任を持つ政治家主導の政治へ」の転換を、また、原則第三には「各省の縦割りの省益から、官邸主導の国益へ」の転換を掲げるなど、政治主導・官邸主導の実現を政権の最優先課題として掲げた。さらに、これを実現するための具体策として、政権構想「五策」を列記した。しかし、我々のアンケートに答えた現職民主党国会議員の八〇％（三六名）が、政治主導は「うまくいかなかった」、あるいは「あまりうまくいかなかった」と否定的な評価を寄せた。

政策の内容のみならず、政策決定の手法においても自民党時代からの大転換を謳い、政権交代を実現した民主党。政権発足当初の高い支持率と衆参での過半数議席を誇った民主党政権において、なぜ政治主導を十分実現できなかったのか。

政権構想「五策」立案に至る経緯

二〇〇九年マニフェストに掲げられた「五原則五策」をはじめ、民主党の結党以来の政治主導に関する各種提言は、元通産官僚の松井孝治参議院議員を中心とする少数の党内「専門家」の手により、長年にわたって練り上げられてきた構想であった。

まず二〇〇一年ごろから、当選したばかりの松井のほか、仙谷由人、枝野幸男、古川元久、原口一博《はらぐちかずひろ》ら一部の民主党議員は、統治システム改革に関する私的な勉強会を始めた。こうした議論を背景に、二〇〇二年七月の第二次政権運営委員会報告と〇三年九月の政権準備委員会報告で、自民党政権の官僚主導体制を厳しく批判し、統治機構の改革の重要性が説かれた。

二〇〇三年に菅直人代表のもとで作成されたマニフェストは、「脱官僚」宣言を前面に掲げ、霞が関との対決色を明確にした。そこでは、改革のための具体策の工程表が掲げられ、事務次官会議の廃止、行政評価会議（のちの行政刷新会議のモデル）の設置、内閣財政局（のちの国家戦略局のモデル）の設置、など二〇〇九年マニフェストの「五策」につながる具体策の原型の多くが登場した。さらに、岡田克也代表のもとで作成された二〇〇五年マニフェスト「岡田政権五〇〇日プラン」では、「行政刷新会議」や「国家経済会議」など二〇〇三年マニフェストにあった個別策の中身が大幅に具体化された。

二〇〇九年マニフェストを作成するに際して、冒頭ページの政権構想に関するスペースは、党首の政治的メッセージを伝える場所として、マニフェストの通常の検討過程とは別に、松井ら少数の政党幹部の間で話し合って決められた。このように、民主党は政治主導の実現を党の重要なアイデンティティーと位置づけていたにもかかわらず、それを検討してきたのは少数の固定メンバーであった。とりわけ、一九九〇年代後半に橋本龍太郎《りゅうたろう》政権が行った行政改革に通産官僚としてかかわった経験のある松井への党内の依存と信頼は絶大であった。

ひとくちに「政治主導」といっても、その意味するところは論者によりさまざまである。そこで本章では、民主党自身の定義による政治主導、すなわち二〇〇九年マニフェストの「政権構想五策」に記された具体策の実現度合いについて個別に検証することとする。

1　政務三役のリーダーシップ

第一策：政府に大臣、副大臣、政務官（以上、政務三役）、大臣補佐官などの国会議員約一〇〇人を配置し、政務三役を中心に政治主導で政策を立案、調整、決定する。

第一策の主眼は、各省庁で行われる政策立案・調整・決定プロセスを政治家主導へ切り替えることにある。その問題意識の萌芽は一九九八年の政権運営委員会報告に表れている。大臣の補佐機構が弱いことを指摘し、「これでは、政治的指導力を発揮すべき大臣が官僚に包囲される構図となり、官僚依存の現状を変えることは望めない」として内閣法改正による副大臣・政務官の設置を求めている。二〇〇九年マニフェストでは、政策立案のプロセスを官僚任せにせず政治家の関与を高めるため、「実質的に汗をかいて働ける人たちを増やす」（松井）ことを主眼に、大臣・副大臣・政務官という政務三役を中心とする新しい政治プロセスが提唱された。

鳩山由紀夫政権は二〇〇九年九月一六日に発足したその日の閣議で「基本方針」を決定し、そのなかで、各府省に大臣・副大臣・大臣政務官を中心にした「政務三役会議」を設置する方針を打ち出した。

また、この日の閣僚懇談会で確認した「政・官の在り方」（閣僚懇談会申合せ）のなかでは、「政策の立案・調整・決定は、『政』が責任をもって行い、『官』は、職務遂行上把握した国民のニーズを踏まえ、『政』に対し、政策の基礎データや情報の提供、複数の選択肢の提示等、政策の立案・調整・決定を補佐する」との、政官の役割分担に関する基本方針を示した。さらに、政務三役の指示がある場合以外は官僚が政治家と接触することを制限する規定（接触制限規定）を導入したほか、官僚の政務三役への情報報告責任や、事務次官らによる定例会見の廃止など、民主党政権における「政治主導」の青写真を具体的に提示した。

二日後の一八日には、副大臣二二人と政務官二五人の顔ぶれが発表された。その人選では、政治主導の要となる政務三役のチームワークを高めるため、閣僚の要望を重視して決めた点が強調された。しかし実際には、一六日の閣議で副大臣・政務官の名簿を官邸側が示したものの、藤井裕久財務相が名簿にはなかった野田佳彦を副大臣にするよう強く求めたことを契機に、各大臣が副大臣・政務官を選ぶ方式に変えられたのであった。その後、官邸は各大臣から寄せられた人選の重複を調整するのに追われ、「収拾がつかなくなった」（閣僚経験者）という。ちなみに、鳩山政権以降は大臣が他の三役メンバーを選ぶというプロセスはとられていない。

各省大臣任せの結果

政務三役が一体となって政治的リーダーシップを発揮することは、民主党の掲げた政治主導の中核であった。しかし、各省における統治スタイルは多分に政務三役の個人的属性に左右され、その実態は各省ごとにさまざまであった。

最初の試金石となったのが、二〇一〇年度予算に対する各省庁の概算要求だった。二〇〇九年九月二九日に閣議決定された一〇年度予算の編成方針では、「各大臣は、既存予算についてゼロベースで厳しく優先順位を見直し、できる限り要求段階から積極的な減額を行う」方針が明示された。しかし、多くの閣僚は十分な指導力を発揮することができず、一〇月一五日に出そろった各省庁の要求金額は一般会計の総額で九五兆円台に膨らみ、批判していた自民党時代の二〇〇九年度当初予算（八八・五兆円）をも上回るものとなった。一方、公共事業費の大幅カットを実現した国土交通省（二〇〇九年度当初予算より一四％減）や農林水産省（同じく公共事業費を三五％減）などのように、一部の省庁では閣僚ら政務三役が指導力を発揮し、既存予算の大幅縮減を実現した。

大幅な予算カットを実現した国土交通省では、政治家同士で本音の話ができるよう、政務三役会議には原則として官僚は同席させないことにした。政務三役にはそれぞれ別の担当が割り当てられ、担当局と共同作業で政策が進められた。同時に、前原誠司大臣の指示により一本釣りで選抜した一〇名弱の中堅官僚をメンバーに、「政策審議室」という特命チームが設置された。政策審議室では大臣が室長、副大臣が室長代理、政務官が副室長を務め、特命官僚たちは政策立案のサポートと官僚機構との橋渡しの役割を担った。

当時、副大臣を務めた馬淵澄夫は、前原から公共事業予算の一五%カットを言い渡されて泣きついてきた谷口博昭事務次官に対して、「あえて二割削減を言い渡した」という。そして官僚側の巻き返しに対して政務三役で協力し、政策審議室のサポートを得ながら、政府予算案では最終的に一五%削減を達成した、と胸を張る。

他方、総務省では、原口一博大臣が官僚同席で週二回、政務三役会議を開催していた。各副大臣、政務官は自民党時代の慣例に従い、総務省内の一一局のうち、重複を含め、二名の副大臣がそれぞれ七局、三名の政務官がそれぞれ四局を担当していた。政務官を務めた小川淳也《じゅんや》は「四局から毎日報告が上がってくると、報告を聞くだけで一日が終わる」と言い、一つの局を複数の副大臣や政務官が担当していたことが、無駄な労力や責任所在の曖昧さにつながっていたと述べる。小川はこうした問題を原口に伝え、担当部局をしぼって責任範囲を明確にしたほうがいいと進言したが、原口がこれを受け入れることはなかった。

長妻昭厚生労働相の指揮する厚労省においては、大臣と官僚機構との激しい対立がしばしばメディアでも取り上げられた。長妻は予算のチェックにあたって自ら電卓をたたいて計算するなど、就任直後より官僚任せにしない姿勢を強調した。しかし省内の若手プロジェクトチームが取りまとめた本省職員アンケートでは、「政務三役に驕りを感じる（四八％）」「三役から納得のいく指示が示されている（一％）」などと政務三役への強い不信感が明らかになり（『日経グローカル』一五五号、二〇一〇年九月六日）、同省はしばしば行き過ぎた官僚排除の象徴のように取り上げられた。

このように、政務三役による政治主導のやり方は、各省大臣任せでまちまちであった。その一因は、閣僚間での情報共有等を通して成功事例や手法を他の役所へ水平展開することがほとんど行われなかった点にあった。ある省の取り組みを官邸側が閣議や副大臣会議などを通じて他の閣僚にも勧めることはあったが、各人のプライドや人間関係が障害となり、「いや、うちはそんなことはいいよ、という反応が多かった」（松井）という。また、副大臣、政務官のレベルでも、「他省のことに関心を寄せるほどの時間的、エネルギー的余裕はなかった」（小川）というのが実情であった。

官僚との関係修復へ動いた菅政権

二〇一〇年六月に発足した菅政権は、「鳩山政権時代の行き過ぎた官僚排除を反省し」（福山哲郎官房副長官)、政治家と霞が関との関係改善に乗り出した。まず、菅政権発足時の「基本方針」(六月八日閣議決定)に、「政務三役と官僚は、それぞれの役割と責任の下、相互に緊密な情報共有、意思疎通を図り、一体となって、真の政治主導による政策運営に取り組む」という一項が加えられ、官僚との関係改善の姿勢を強調した。さらにその細則で、政務三役会議への官僚陪席や議事録作成のルールなど、鳩山政権時代に各省バラバラだった政治主導の運用実態の統一を図ろうとした。

しかし、大きな試練が待ち構えていた。同年九月に勃発した尖閣沖での中国漁船衝突事件である。九月二五日未明に中国人船長を釈放した政府の判断に対し、世論の厳しい批判が浴びせられた。その際、仙谷官房長官は、船長の釈放は検察独自の判断でなされたことを強調し、国会審議などでも政権の関与を強く否定した。

しかし実際には、連日のように官邸で仙谷を中心に船長の扱いが検討されていた。官邸内では、法務大臣の指揮権(検察庁法第一四条)発動などにより政治的理由で中国人船長を釈放したりすれば、「大臣の首一つや二つでは済まない」「政権は終わる」(官邸中枢筋)との危機感が共有されていた。そして「司法手続きのなかで起こったことはまずは司法手続きで決着をつける、という建前だけは絶対にゆるがせにしてはいけない」(政府高官)との考えのもと、公式には「検察の独自判断」と説明することにした。しかしこうした政府の不自然な説明に対し、元代表の小沢一郎は、「政治主導というなら政治家が責任を持って最後は判断しないと駄目だ」(『日本経済新聞』二〇一〇年一一月六日付)と痛烈に皮肉った。このような政権の対応に対して弱腰批判が高まり、内閣支持率が急落した。

「政治主導」の終わり

二〇一一年九月に誕生した野田政権は、鳩山・菅政権を反面教師として、官僚との関係修復にいっそう注力した。官房長官を務めた藤村修《おさむ》は、「その二人〔鳩山・菅〕を見ていたから、野田首相は割に修正した。首相に就任した当初から『しっかり(官僚を)活用すべきだ』と言っていた」(『毎日新聞』二〇一三年一月二五日付)と明かしている。さらに、藤村は菅政権時代の自身の外務・厚労の副大臣経験に照らし「政務三役で決定することはほとんどなかった」(二〇一二年一月二五日記者会見)と述べるなど、第一策の趣旨そのものを否定しかねない態度をとった。後述するとおり、野田政権は鳩山政権が廃止した事務次官会議を実質的に復活させるなど官僚寄りと見られる政策を重ね続けた結果、閣僚経験者からも「ミイラとりがミイラになり、官僚の意のままになってしまった」などと、政治主導後退への厳しい批判が上がった。

政権構想第一策では、政府内の役職に就く国会議員数を約一〇〇名まで大幅増員する方針が明示されていた。しかし、後述するように、定員増をめざした政治主導確立法案が国会対策上の理由などにより不成立となったことや、参院選の敗戦で「ねじれ国会」になったことがたたり、結局はもともとの定員七三名から五名の増員にとどまった。

政権構想第一策に掲げられた政務三役による政治主導は、その具体的な進め方については各閣僚任せだった。そのため、政治主導が比較的成果をあげた省もあれば、政治家による業務の抱え込みや過度の官僚排除により機能麻痺につながった省もあるなど、政治家個人の属人的要因により政治主導の成否が大きく左右された。各省での取り組みの好例を他省が採り入れることもなく、閣僚らの個人プレーを官邸側が統御できなかった。菅政権以降では、それまでの行き過ぎた官僚排除への反動から、官僚との関係修復が試みられた。しかし、参院選の敗戦以降は、ねじれ国会での野党対応が政権の最重要課題となるなかで、すでに民主党政権には官僚機構との厳しい対峙を続けるだけの余裕はなくなっていた。

2　閣僚委員会の混乱

第二策：各大臣は、各省の長としての役割と同時に、内閣の一員としての役割を重視する。「閣僚委員会」の活用により、閣僚を先頭に政治家自ら困難な課題を調整する。事務次官会議は廃止し、意思決定は政治家が行う。

第二策の主眼は、省庁間の政策調整における政治家主導の確立である。一つの省の担当範囲だけでは決定できない政策課題について、通常は、関係省庁の官僚間で落としどころを探り調整してきた。こうした伝統的な調整手法について民主党は、「閣僚はほとんど役人に任せきりにして、足して二で割るとか、先送りするとか、玉虫色にしてその場をしのいできた」（松井）との厳しい問題意識をもっていた。

民主党は、こうした官僚主導の省庁間調整を抜本的に改めようとした。その方法として、各省折衝の頂点に位置する事務次官会議を象徴的に廃止するが、全閣僚出席の閣議で個別の政策調整を行うことは困難だ。そこで、代わって関係閣僚で構成する「閣僚委員会」という新たな仕組みを設け、それを通じて、政治主導で重要政策の実質的な調整を行うと提案した。

しかし、この閣僚委員会構想は、二〇〇九年マニフェストで初めて登場したアイデアであったこともあり、その内容は具体性に乏しかった。政権構想五策を起案した松井によると、政権発足段階では、「閣僚委員会」で取り上げるテーマ、閣僚委員会ごとのメンバーの人選、運営要領や事務局機能のあり方、議事録作成の要否や公表の是非など、制度の具体的内容について党内で認識が固まっていなかった。このため、本来は事務的に調整すべき多様なテーマについて、閣僚委員会の開催を閣僚から求められたり、閣僚委員会のメンバーになれなかった閣僚から自分も出席し、あるいは関与したいとの要望が多く寄せられたりして、事務局は困惑した。国家戦略局構想の立ち遅れで事務局機能が未整備だったこともあり、「走りながら考えていかざるをえない」状況からのスタートであったことを、松井も認めている。

また、事務次官会議の廃止にしても、マニフェスト策定の最終局面まで調整中だったが、「中途半端に残しても仕方ない。必要があったら事務次官が集まって連絡すればいいんだ」という小沢の鶴の一声により決まったもので（薬師寺克行『証言 民主党政権』での松井証言ほか）、廃止に伴う影響を十分吟味しないまま、全体として見切り発車の様相であった。

見切り発車の副作用

鳩山政権は政権発足翌日の二〇〇九年九月一七日、事務次官会議の廃止を宣言するとともに、翌一八日には、事務次官が行っていた定例記者会見の廃止を各次官に対して直接指示した。また同日には官邸に鳩山首相を含む四閣僚が集まって初の「閣僚委員会」が開催され、麻生政権のもとで成立した二〇〇九年度補正予算について原則として執行を停止する基本方針を決定した。その後も、「地球温暖化問題に関する閣僚委員会」（九月二〇日）、「基本政策閣僚委員会」（九月二八日）、「防衛大綱の見直し等に関する閣僚委員会」（一〇月一六日）などが開かれた。また、八閣僚が出席する「地球温暖化問題に関する閣僚委員会」の下には、具体案検討のために副大臣・政務官を中心とする検討チームが設置され、その会議資料や議事要旨などプロセスの一部が官邸のホームページでも公表されるなど、組織的意思決定の新しいモデルが次々と示された。

しかし、政治家側の調整能力の不足や記録管理のずさんさから、閣僚委員会の効果は限定的なものにとどまった。例えば、次章で詳述するとおり、予算編成の過程における閣僚委員会の役割は形式的なものが多く、実質的な調整の場とならないことが多かった。また、普天間基地移設の問題でも、二〇〇九年一二月に官邸が調整に乗り出すことを決めた際、それまで閣僚委員会で普天間問題が何度も話し合われていたものの、議事録が一切残されていなかったため、深刻な混乱を招いたという(信田智人『政治主導vs.官僚支配』)。

閣僚委員会は、その法的位置づけや運営方法などの基本設計において、従来の関係閣僚会合との違いを明確にできず、菅政権以降、「閣僚委員会」という名称での閣僚会合の開催回数は次第に減っていった。松井自身は、政権発足当初は「とにかくやってみる」という状態で、閣僚委員会の運営規則などについて必要性を感じながらも整備が後手に回ってしまったことを悔やむ。

構想に携わった財務官僚は、閣僚委員会が機能しなかった理由として、モデルとなったイギリスのキャビネット・コミッティーと比べ、「『閣議に代わって内閣の意思決定を行う場』という認識が十分に確立していなかった」(高田英樹「国家戦略室の挑戦」)点を指摘する。さらに、当時、政務三役会議と接触制限規定の導入などにより、各省の役人同士の自由な連絡が制限されたため、「官僚の一部は政務三役の指示があるまで調整をほとんどなにもしないという指示待ち状態」(内閣府幹部)に陥ってしまった。閣僚委員会の事務方に、こうしたマイナス面を補うフォローが弱かったことも一因としてあげられる。

また、事務次官会議を廃止した副作用として、事務方の官房副長官を中心とする官邸の情報収集機能が弱体化した。当時の官邸関係者によれば、従来は、事務次官会議をシャンシャンで終わらせようと各省は事前に凄まじい調整を行っていたため、官邸はその進み具合を見ながら適切なタイミングで指示を出すことができた。しかし、事務次官会議がなくなった瞬間に官邸へ情報が上がらなくなり、事務の内閣官房副長官は「なにもやることがなくなった」という。

事務次官会議の「復活」

二〇一一年三月一一日に東日本大震災が起きると、菅内閣は同月二二日付で被災者生活支援各府省連絡会議を設置した。関係閣僚に加え各省の事務次官なども参加するこの会議は、同年五月に東日本大震災各府省連絡会議と改称された。官房副長官だった福山は、事務次官同士が連絡調整を行う機能は政府にとって重要だったと振り返り、「毎週事務次官がお互いに震災への対応状況を報告するようになって、各省庁間の情報共有がより進んだ」と会議設置の意義を強調した。

その後、同年九月に発足した野田内閣で、前記会議は再度「各府省連絡会議」と改称された。毎週金曜日に定例化されたうえ、国政全般の幅広いテーマを扱うことになるなど、政権交代前の事務次官会議の機能が実質的に復活することとなった。

事務次官会議の廃止と、閣僚委員会を通じた政治家による省庁間調整の導入は、政府内に多くの混乱をもたらした。それまで事務次官会議の日程を見据え、与党による事前審査も含めて事務レベルで日々行われていた調整機能が、政務三役からの指示がなければ動かない形に変容していった。閣僚委員会構想自体が生煮えだったこともあり、政務三役の個人的経験や力量といった属人的要素により、重要な省庁間調整の効率が大きく左右されることになった。さらに、与党事前審査の廃止により政策決定への関与を制限された政府外の与党議員の不満が高まったこともあって、調整が停滞する事態も生じた。

また、事務次官会議の廃止は、その象徴的な意味合いを超え、政務三役と事務方との意思疎通の不全と相まって、各省間の情報流通の目詰まりを生じさせ、さらには官邸の情報収集能力の低下という想定外の副作用をもたらした。政府与党を含む政権全体として、「各自の手動操縦技術の限界を十分に認識しないまま、セーフティーネットでもある官僚による自動操縦スイッチを全面的にオフにしてしまった」と松井が自戒したように、政治家自らによる不慣れな省庁間調整の試みは混乱と多くの課題を残した。

3　国家戦略局の挫折

第三策：官邸機能を強化し、総理直属の「国家戦略局」を設置し、官民の優秀な人材を結集して、新時代の国家ビジョンを創り、政治主導で予算の骨格を策定する。

第三策の狙いは、官邸主導を実現するために、政策の司令塔機能を強化する点にある。その方策として、予算をはじめ枢要な国家的課題について省庁横断的な調整権限を有する強力な国家戦略局を、官邸に設置することが掲げられた。

この構想の原点は、松井らが中心となって考案した二〇〇三年マニフェストに登場する「内閣財政局」であった。同局の使命について「各省庁の省益を超えた大胆な予算配分の変更と思い切った税制改革を推進」とされているように、予算編成と歳出・歳入構造の改革を官邸主導で取り仕切ることが一貫した意図であった。

鳩山政権の国家戦略担当相に任命された菅直人は、二〇〇九年九月一六日の就任会見で、「国家戦略局は官僚主導の政治を変えていく象徴だ。鳩山由紀夫首相からは予算の骨格について国家戦略局で取り組むようにと言われている」と述べ、国家戦略局が予算編成の主導権を担っていくことを強調した。一八日、総理大臣決定に基づき内閣官房に「国家戦略室」が設置された。政権構想五策には国家戦略「局」の設置が記載されていたが、局の設置には内閣法の改正が必要となるため、まずは法改正を要しない「室」とされたのである。

乏しいスタッフ、膨大な業務

国家戦略室では当初多くの民間人スタッフの登用をめざしたが、菅と古川室長がスタッフ一人一人について必ず面接してから採用するなど一本釣りの採用にこだわったため、採用は容易に進まなかった。同年一一月初めの段階でも、民間採用者五名、財務省などからの役所出向者五名の合計一〇名の体制（サポートスタッフを除く）にとどまり、一二月末になってようやく二〇名（民間出身一二名、官僚出身八名）に達した。

発足当初の国家戦略室は、まず二〇一〇年度予算編成で主導権を発揮しようと試みたものの、限られたスタッフに比べてあまりにも過大な業務量に忙殺されることになった。

国家戦略室ではまず九月二八日に、「予算編成のあり方に関する検討会」の初会合を行い、一〇月一九日までに複数年度予算や予算編成プロセスの透明化を含む「論点整理」を取りまとめた。これを受けて一〇月二三日に「予算編成等の在り方の改革について」が閣議決定され、①「予算編成の基本方針」、②各府省の予算執行情報開示の指針、③予算執行の効率化に向けた取り組みを行う監視チームの指針、④「政策達成目標明示制度」の指針、の四つの作成がすべて国家戦略室の担当となった。さらに、一〇月三〇日からは「財政に対する市場の信認確保に関する検討会」も国家戦略室で担当することとなった。

一二月一五日に予算編成の基本方針が閣議決定されたが、国家戦略室はその後も休む間もなく、年内から二〇二〇年までの成長戦略の骨子策定に取りかかった。こうして、政権発足当初の国家戦略室の業務は多忙を極めた。「室員の大半が連日徹夜に近い業務をしていた」（前記高田）状況だったという。

政治主導確立法案の難航

鳩山政権は当初、国家戦略室を「局」に格上げして体制の充実と権限の強化を図るための内閣法改正法案を、二〇〇九年一〇月からの臨時国会へ提出することを予定していた。そのために、政権交代直前の九月段階において密かに、「政治主導法案の骨格は作ってあった」

と松井は明かす。

しかし、法案作成は難航した。前述のように国家戦略室が予算編成をはじめさまざまな政策的課題に追われるなか、国家戦略室のスタッフには法案を詰める作業に割く余力はなかった。菅は「内閣官房との関係など法制度をどうするかというのは、実は最後まで煮詰まらなかった」と明かし、すでに省庁間の総合調整機能を与えられていた内閣官房との権限の整理が難航したと語る。さらに松井によれば、閣僚らが税制を審議することになった新しい政府税制調査会について「財務省が法定化してほしいと持ち込んできた」ことなどもあり、法案がいっそう肥大化していった。

松井は、臨時国会を延長してでも何とか法案を提出すべきだと考え、その考えを平野博文《ひろふみ》官房長官にもちかけた。しかし平野は、「政治とカネ」の問題を年内に幕引きすることと、年内に予算編成を終えることを理由に難色を示したという。松井はさらに鳩山とも直談判に及び、国家戦略局などに関連する部分だけでも先行して臨時国会に提出できないか再考を求めたが、鳩山は「うーん」と渋り、承認しなかった。

このときすでに、鳩山が母親から億単位の資金を毎年受け取りながら贈与税を申告してこなかった件が明るみに出て政治問題化していた。松井は、「自身の政治とカネの問題を官房長官が収拾すると言ってくれているときに、あえて臨時国会を延長して追及の場を広げるのはどうかと考えたのだろう」と当時の鳩山の心中を推し量る。

鳩山内閣は二〇一〇年二月五日の閣議において、国家戦略局設置を含む「政府の政策決定過程における政治主導の確立のための内閣法等の一部を改正する法律案（政治主導確立法案）」を決定し、通常国会に提出した。

しかし、民主党幹部は参院選対策を優先させ、マニフェストに大きく掲げた高校無償化法案や子ども手当法案などの審議を優先させる方針をとった。このため、生活に直結せず多くの審議日程を要する大型法案であった政治主導確立法案は後回しとなり、法案の審議入りは五月までずれ込んだ。衆議院議院運営委員長だった松本剛明は、自らも積極的に関与せず推進力になれなかったとの反省を込めて、「政治主導確立法案に対する党内の支持が弱かった。参院選があり、明日にでも有権者に説明できるものをすぐやってくれ、みたいな空気が支配的だった」と振り返る。

ようやく五月に政治主導確立法案が衆議院内閣委員会で審議入りしたが、参議院の内閣委員会のほうは委員長を自民党に握られていたため、衆院は無理して通しても、参院で強行採決することは難しいという弱みを抱えていた。与党内では一時期、政治主導確立法案などの重要法案を処理するため六月一六日までの会期を二週間ほど延長する案も浮上していた。しかし、鳩山首相や小沢幹事長の「政治とカネ」の問題に加え、普天間問題のこじれなどで支持率が急落しており、五月二〇日、政府・民主党は通常国会の会期を延長しない方針を固めた。六月一六日の通常国会の閉会と同時に、すでに参議院に送られていた公務員制度改革関連法案（後述）は廃案となり、衆院内閣委員会で審議中だった政治主導確立法案は継続審議となった。

結局、二〇一〇年通常国会における政府提出法案の成立は六四件中三五件にとどまり、成立率五四・七％と、通常国会としては戦後最低を記録した。当時の民主党の国会対策について松本は、「与党の国会対策のノウハウがとにかく欠けていた」と悔やむ。結果として、参院選対策と政権スキャンダルへの批判抑制のために、政治主導確立法案など政権構想の中核をなす多くの重要法案の成立を、民主党が自ら放棄することにつながったのである。

ポリシー・ユニット化

二〇一〇年七月一一日に実施された参院選で、民主党は一〇議席減となる大敗を喫した。その三日後、赤坂プリンスホテル旧館における国家戦略室メンバーとの会合の席で、鳩山後任の首相になっていた菅は唐突に、「今後の国家戦略室は、（中略）英国の Policy Unit を目指す」と述べ（前記高田）、戦略室の機能を縮小する方針を表明した。具体的には、首相直属のスタッフとして、情報収集や政策提言を通じて首相をサポートすることに専念し、前年から担当してきた予算や国家的課題についての調整は行わないこととなった。

発表された機能縮小の方針に対しては、政治主導の後退を象徴する出来事として政権内外から厳しい批判が上がった。なかでも国家戦略局構想に長年携わってきた松井は、予算編成など税財政の骨格立案機能をなくすことについて、「財務省主導路線に戻るのではないかとの意見が多数ある」「五原則五策のうちの第三策に反することは明らか」などとツイッター上で厳しい政権批判を展開し、一六日夕方に首相官邸で菅と直談判に及んだ。しかし、菅は「そもそも国家戦略局に予算を担当させることに関心があまりなかった。予算編成は総理大臣である俺がやればいいんだろ、という意識だった」ため、話はかみ合わなかった。

菅は国家戦略室の役割について、「もともと国家戦略室は鳩山さんの発想でした。私は私なりの理解で進めました」と述べ、二〇〇九年六月のイギリス視察で見たポリシー・ユニットのような総理直属のアドバイザー機関を当初より想定していたと説明した。また、「予算編成をもし移すのであれば、財務省から主計局をもってこなきゃいけない」とも述べた。しかし前述のとおり、菅は国家戦略担当相の就任当初、国家戦略室で予算編成まで行うと意気込んでいたことに照らせば、二〇一〇年度予算編成をめぐり調整に苦心した経験から、ポリシー・ユニット化への傾斜を強めた可能性を排除できない。

参院選で生じたねじれ国会のなかで、民主党は政治主導確立法案の成立に向け、修正して野党側の同意を得る可能性も探ったが、不調に終わった。二〇一〇年一一月一九日に衆院内閣委員会で趣旨説明が行われたものの、野党側の抵抗が続き不成立となった。翌二〇一一年の通常国会へも提出されたが、野党の協力が得られる見通しが立たないまま、五月一二日に、閣僚枠の増員を含む内閣法改正案の提出に伴い、民主党政権は自ら、政治主導確立法案と国会法改正案を取り下げた。

経済財政諮問会議化

二〇一一年一〇月二一日、菅の後をついで発足した野田政権での閣議決定に基づいて「国家戦略会議」が設置され、国家戦略室が事務局を担うことになった。会議は一四名の委員で構成され、首相が議長を務めるほか、日銀総裁や民間有識者を加えるなど、その運営や構成は自民党時代の経済財政諮問会議に似ていた。ここでは予算の骨格など重要な政策課題が幅広く議論されることとなり、暮れの一二月二二日には「日本再生の基本戦略」を決め、これを二四日に閣議決定した。

しかし、民主党が二〇一二年一二月一六日の衆院選で敗れ、自民党の安倍晋三が首相に返り咲くと、一二月二六日、安倍内閣はすぐさま国家戦略会議の廃止を閣議決定した。

もともとは、自民党政権において経済・財政の司令塔機能を担った経済財政諮問会議に代わって、官邸主導の象徴として予算編成を含む政策決定の司令塔となることが期待された国家戦略局。しかし、実際の活動は当初の期待に遠く及ばなかった。スキャンダル隠しや参院選対策などの政局的理由により、衆参で過半数をもっていながら、設置法を国会で成立させることに失敗した。政権幹部のなかでの具体像をめぐる重大な認識ギャップ、内閣官房や内閣府との権限整理の曖昧さや、六名にも及ぶ頻繁な担当相の交代が重なって、予算編成や他の重要政策の調整・立案において十分な存在感を発揮できなかった。

4　幹部官僚人事と行政刷新会議

第四策：事務次官・局長などの幹部人事は、政治主導の下で業績の評価に基づく新たな幹部人事制度を確立する。政府の幹部職員の行動規範を定める。

第四策の主眼は、人事権の掌握を通じた政治主導の環境整備である。霞が関の幹部職員人事の政治による一元管理の必要性は、民主党が長年主張してきたテーマであった。各省の次官・官房長が省内の人事権を実質的に握っている状況こそが、多くの官僚が「国益」よりも「省益」を優先し、政務の閣僚・副大臣らよりも事務方のトップの意向に従うという、縦割り行政・官僚主導行政の組織文化の根底にあると捉えていた。こうした問題意識は結党初期から一貫しており、例えば、一九九八年の民主党政権運営委員会報告や二〇〇五年マニフェストでも、幹部人事の政治的コントロールの重要性に言及している。

年功序列人事の継続

ところが実際には、政権交代後に霞が関の幹部人事に関して独自色を発揮したのは官邸周辺の一部にとどまり、関与は限定的であった。

鳩山政権発足時には事務の官房副長官に総務事務次官出身の瀧野欣彌《たきのきんや》を任命したものの、その他の主要幹部についてはめだった入れ替えは行わなかった。政権発足当初の慎重な人事の背景には、「官邸周りの人事については当面の二ヵ月、三ヵ月間くらいは、連続性を基軸におかないと危ない」（前記薬師寺『証言　民主党政権』での松井証言）との考えがあった。

二〇一〇年一月一五日、内閣法制局長官と官房副長官補二名（内政担当と外政担当）の政権中枢幹部三名の交代が発表され、その記者会見において鳩山首相は「政治主導とはこういうものだ」と胸を張った。しかし、新たな内閣法制局長官には内閣法制局ナンバー2の次長だった梶田《かじた》信一郎が任命されたほか、二人の新官房副長官補も、前任者の出身官庁から選ぶ伝統を踏襲し、財務省の佐々木豊成《とよなり》（内政）、外務省の河相周夫《かわいちかお》（外政）が任命されるなど、政治主導と連続性のバランスに配慮した人事であった。

その後、通常国会において内閣人事局（後述）の設置を含む法案審議が難航するなか、夏の本格的な幹部人事を待たずに二〇一〇年六月八日、鳩山政権は退陣した。

次の菅政権は二〇一〇年七月三〇日の閣議において、局長以上の主要な府省幹部人事を決めた。しかし、七名の新事務次官は財務省の勝栄二郎《かつえいじろう》など多くが有力と見られてきた年功序列人事で、特段のサプライズとしては受け止められなかった。また、文部科学省のように旧文部省と旧科学技術庁出身者が交互に次官を務める「たすきがけ人事」も継続され、全体として霞が関の事務当局の要望を反映した順当な人選にとどまった。

菅政権は七月一一日まで参院選を戦っていたうえに、その後は九月の党代表選挙に向けて党内は政局ムード一色となっており、霞が関人事はその間隙をぬって行われた。発足わずか二ヵ月で省内人事の把握もままならず、参院選や代表選に意識の大半が割かれ、閣僚や政権幹部は各省人事に十分な注意とエネルギーを注ぐことができなかった。

内閣人事局

一方、幹部人事を一元管理する制度作りの面では、二〇一〇年二月一九日、鳩山内閣は内閣人事局の設置などを含む「国家公務員法等の一部を改正する法律案」を閣議決定し、国会に提出した。同法案は、新設の内閣人事局が幹部職員人事を一元管理する体制を整えるとしており、今後局長・部長級以上の幹部職に就こうとする者は、内閣人事局の適格性審査をあらかじめ経たうえで幹部候補者名簿に登録されることにしていた。しかしながら、第三策の項で既述のとおり、民主党幹部が参院選対策の観点から子ども手当法案や高校無償化法案の審議を優先させた結果、同法案については国会提出後もなかなか審議が進まず、六月一六日の通常国会閉会と同時に廃案となった。

次の菅内閣でも、同様の内容を含む「国家公務員制度改革関連四法案」を翌二〇一一年の六月に通常国会へ提出したが、会期中に議決されないまま継続審査となり、その後、一二年一一月の衆議院解散までに開かれたいずれの国会でも議決されないまま、解散に伴い廃案となった。

民主党は政権構想において役所人事を掌握する重要性を謳いながら、いざ政権につくと、個別の人事においても、制度の改正においても、人事を通じた霞が関のコントロールを十分に実現することができなかった。役所の個別の人事を主導するには、各省幹部の人柄や政策的距離感についての民主党内での知識があまりにも不足していた。「政権交代前に役人個人単位の洗い出しなどはしていなかった」（元経済産業相の直嶋正行）、「誰がいいか悪いか判断つかないから、人事はもう全部丸投げですよ」（経産省出身の福島伸享《のぶゆき》）、などと語り、党関係者もこうした準備が不足していたことを認める。そして、肝心の内閣人事局の創設を含む制度改正については、政策的重要性に対する党内認識の弱さや政局的理由から、成立のタイミングを逃すこととなったのである。

第五策：天下り、渡りの斡旋を全面的に禁止する。国民的な視点から、行政全般を見直す「行政刷新会議」を設置し、全ての予算や制度の精査を行い、無駄や不正を排除する。官・民、中央・地方の役割分担の見直し、整理を行う。国家行政組織法を改正し、省庁編成を機動的に行える体制を構築する。

第五策には、天下り・渡りの斡旋禁止や中央・地方の役割分担の見直しなど、第四策までに盛り込まれなかった民主党の行政改革の持論が列挙されているが、ここでは政治主導の観点から特に行政刷新会議にしぼって取り上げる。行政刷新会議構想の主眼は、事業仕分けと呼ばれる透明性の高いプロセスを通じて、政治主導で行政の無駄を排除することにあり、もともとは自民党政権下での「政官業の癒着体質」を断ち切ることに狙いがあった。

民主党は、二〇〇三年の政権準備委員会報告およびマニフェストに、行政刷新会議の原型となる「行政評価会議」の設立を早くも掲げている。二〇〇五年の「岡田政権五〇〇日プラン」においても、行政刷新会議と国家経済会議（のちの国家戦略会議）は政治主導の予算編成実現に向けて密接に連携するとされ、政権獲得後に一年かけて改革を実行した後、行政刷新会議は国家経済会議へ統合されることになっていた。

事業仕分けの成果と限界

鳩山政権は二〇〇九年九月一八日の閣議決定で行政刷新会議を設置し、内閣府に事務局を設置した。詳細は次章に譲るが、一一月一一日より九日間にわたり、「事業仕分け」の第一弾が行われ、約七〇〇〇億円の歳出削減に成功し、国庫返納分なども含めて全体で約一・六兆円という結果を出した。この新しい仕分けの手法は新鮮に受け止められ、例えば産経新聞・FNN合同世論調査（二〇〇九年一一月二四日発表）で九割近くが評価するなど、高い国民的支持を得た。

また、二〇一〇年の四月と五月には、独立行政法人や政府系の公益法人等が行う事業を対象とした事業仕分け第二弾が実施された。日本宝くじ協会や自治総合センターなど官僚の天下り団体の実態を明らかにし、助成団体の不透明な仕組みと金の流れの問題などを取り上げた。ただ歳出の削減額では数百億円規模にとどまり、仕分け頼みの無駄削減の限界が指摘されるようになった。

二〇一〇年の一〇月と一一月に実施された事業仕分け第三弾では、特別会計を対象とする一方、一〇年度予算または一一年度予算の概算要求についても再検証の対象とした。しかし、今回は民主党政権の下で策定した予算案も対象にしたことから、そもそも各省における政務三役のチェック機能がずさんであったのではないかとの批判が高まった。こうした批判を受けて、二〇一一年六月七日の閣議において、今後は各府省自らが予算の概算要求前の段階で、原則すべての事業について、支出先や使途を国民に公表したうえで点検を行う「行政事業レビュー」を毎年実施することが決定された。

二〇一一年一一月、主要な一〇の歳出分野を対象に、政策的・制度的な問題まで掘り下げた「提言型政策仕分け」が実施された。従来の事業仕分けにおける「廃止」や「見直し」といった評価だけでなく、具体的に政策提言が行われた。しかし、法的根拠が必ずしもはっきりしない「仕分け」によって重要政策を左右することが果たして正当なのか、といった批判が出されるようになったこともあって、行政刷新会議の行う仕分け事業に対して、国民の評価と関心は次第に低下していった。

行政刷新会議は閣議決定に基づいて設置されていたが、二〇一〇年二月五日に鳩山政権が国会に提出した政治主導確立法案では、内閣府の「重要政策に関する会議」としてより強力な設置根拠を与えることが提案された。しかしながら、前述のとおり同法案は国会対策上の理由により審議が遅れ、同国会において継続審議となり、翌年に取り下げられた。

行政刷新会議による初期の事業仕分けは、民主党の政治主導の取り組みのなかでも特に国民の拍手喝采を受けた成功体験となった。しかし、予算の効率化や無駄遣い根絶で九・一兆円を捻出するとしていた民主党マニフェストとの差は大きく、次第に国民的関心が低下するにつれ、制度的な矛盾の指摘や批判にさらされる機会が増えていった。とはいえ、それまで密室で行われていた予算編成のプロセスや国の事業の実態検証を、オープンな形で国民に対し明らかにしたことの意義は大きく、事業仕分けから派生して各省に導入された「行政事業レビュー」の手続きは、自民党政権になった二〇一三年度においても実施されている。

5 「五策」はなぜ崩れたか

これまで見てきたように、民主党の政権構想に掲げられた政治主導「五策」は、実現にあたり数々の障害や困難に直面し、多くが修正・断念を余儀なくされた。政権交代時には衆参で過半数を保有し、圧倒的な国民的支持を受けていた民主党政権が、思い描いた政治主導を実現できなかった理由は何か。以上の検証から浮かび上がった主な要因を整理してみよう。

頻繁な首相交代と人事異動

政治主導実現の最大の障害となったのは、三年三ヵ月で三人の首相交代と、それを上回る頻度での内閣改造などによる政務人事の異動であった。ある閣僚経験者が、「鳩山さんは官僚を排除した。菅さんは官僚を使おうと思ったけど、うまくいかなくて怒鳴った。野田さんは最初からあきらめて官僚に従った」と評したが、参院選敗戦によるダメージと前任者の政権運営の失敗というトラウマから、首相交代のたびに政治主導への姿勢は後退していった。

さらに、大臣の頻繁な交代と不十分な引き継ぎが、政治主導をいっそう困難にした。政治主導の司令塔となるべき国家戦略担当相は三年三ヵ月の間に六人に及んだ。そして、こうした人事異動に際して政治家の間で十分な引き継ぎが行われた形跡は見受けられず、むしろ担当者が変わるたびに、前任者の仕掛品を放置したまま、自分独自の新たな政策を打ち上げることに力を注ぐ傾向が顕著だった。

政治的意思を実現していくにあたり、政治家が専門知識・規模ともに勝る官僚機構と互角にわたりあうには、政党が一丸となって政策を継続して推進する姿勢が何より求められる。制度改正のために法改正を行おうとすれば、法案の起草から各省調整、国会審議などを通じて一年以上かかることは珍しくない。また、予算編成などの複雑な政策プロセスは、経験を積むことによって初めて、手続き的な落とし穴や改善のポイントへの理解が深まる。

何よりも政権が長期安定してこそ、政治家のもつ官僚に対する人事権の重みが増すことになる。しかし、民主党政権は政治家のスキャンダルや稚拙な党内ガバナンスのために頻繁な人事交代を余儀なくされ、結果として政策の継続性を保つことができなかった。

政治家の知識・経験不足

現職の民主党衆院議員に対するアンケートにおいて、政治主導がうまくいかなかった理由として一番多くあげられたのが「政治家の知識・経験の不足」との自戒であった。ごく一部のベテランや官僚出身者を除いて、ほとんどの民主党議員は政権交代まで政府内部で働いた経験がなく、政策立案・決定の実務に携わるのは初めてだった。初めて政府で役職に就いた政務三役のなかには、官僚の話を聞くと丸め込まれるという恐怖感から役人を過度に排除する者も多く、役人を民主党の政策を進める側に巻き込むよう、松井ら官邸側からたびたび注意しなければならないほどであった。官僚出身の福島伸享のもとには、政府に入って不安にかられた何人かの議員から、自身の霞が関での評判をたずねる電話がかかってきたという。政治家の知識・経験の不足は、官僚に対する過度の警戒感を抱かせ、政権初期における極端な官僚排除などの弊害を生んだ。

さらに、政治家同士でのノウハウ共有の不足と、前述の頻繁な人事異動が、個々の政治家を成長させるうえでの阻害要因となった。成功事例があっても閣内で水平展開されず、また、党内の不満解消を優先してできるだけ多くの議員を政府の役職に就けようとした結果、政府に入っても、各省の業務内容や政策についての知識を深め、組織運営の経験を積む時間をもてなかった。細野は「政務三役がころころ代わりすぎたのがものすごく大きかった。もっと継続してやっていれば、みんな力がついた」と反省する。

制度改正の遅れと党内の温度差

民主党政権では、国家戦略局や内閣人事局の設置など、政治主導を実行するための主要な制度改正が導入できなかったことから、政治主導は最後まで政治家の個人的資質に大きく頼ることとなった。その最大の理由は、二〇一〇年七月の参院選までの法案審議において、こうした制度改正よりもスキャンダル隠しや選挙対策を優先したことにある。参院選の敗北で自民党を中心とした野党に参院の過半数をとられた後は、これらの法改正を成立させることがほぼ不可能となった。

細野は「例えば国家戦略局とか、内閣人事局とか、本当は作れれば違ったと思う組織が作れなかった」「政治主導というのは個人プレーじゃ限界があって、それを動かす仕組みが必要」と悔しさをにじませる。

また、民主党で政治主導に関する仕組みや提言の立案にかかわってきたのは、常に松井など官僚出身者や党幹部を中心とする一部の専門家チームであった。このような過度の「松井頼み」の状況が、政治主導への党内の理解と共感の広がりを妨げ、国会審議の遅れや政務三役による過剰な官僚排除など、党一丸となった取り組みを阻害する要因となった。鳩山政権が退陣し松井が政府を去ると、松井に代わって政権構想五策を強力に推進しようとする人材は現れなかった。この点、松井は最近ツイッターを通じて、「この一九年間、僕は、自分の『専売特許』を作りすぎた」(二〇一三年六月二四日)と、政治主導に関する理念の党内共有が不十分だった点の無念を記した。

政官のあるべき役割分担とは

政治主導とは、波辺に砂楼を築くがごとき難業である。抵抗に抗いながら土台を築くだけでも多大な苦労を要するのに、少し進んだからと思って安心して目を離せば、すぐに跡形もなく水泡に帰してしまう。

民主党が二〇〇九年マニフェストに掲げた政治主導は、古くは一九九〇年代後半の橋本行革の時代から歴代政権が取り組んできた、普遍的かつ重要な政治テーマである。民主党の特色は、この難しい課題を政権交代の最重要課題として正面から取り上げ、それを乗り越える解として、①各省内部での政治家主導（第一策）、②省庁間調整における政治家主導（第二策）、③官邸主導のための司令塔機能の強化（第三策）、④人事権の中央一元管理（第四策）、⑤政策決定プロセスの公開（第五策）という包括的な政策パッケージを提示した点にあった。民主党の政権構想五策は、官僚機構の権益構造を因数分解し、従来の政治プロセスを抜本的に変えようとした点で、意欲的な構想であった。

しかし、官僚機構との長期戦が避けられないこれら一連の政治主導の取り組みは、初めて政権につく民主党議員の多くには荷が重かった。政治家のスキャンダルや稚拙な党内ガバナンスにより首相や閣僚が頻繁に交代し、最も重要な民主党政権全体における改革意思の継続性が損なわれた。制度改正のタイミングを逃し、功名心やプライドが政治家同士の縦・横の連携を阻害した結果、個人プレーばかりがめだつ結果となった。

そもそもこうした政治主導の意義を正しく理解している、または関心をもっている議員の絶対数が決定的に少なかった。個別の事案では政治家主導の好例と評価できる例も散見されたものの、そうした取り組みの多くは正式に制度化されることのないまま、人事の交代とともに気づけばいつしか従来のやり方に戻っていった。

いま求められているのは、民主党の政治主導への挑戦と失敗を笑うことではない。謙虚にその失敗の原因を分析し、次の政治に活かすことこそ求められる。官僚と政治家が同じ政策的方向性にあるとき、政治主導を演出することは容易であろう。しかし、今後は少子高齢化により経済成長が鈍化し、一方では社会保障の負担が増大していく。国民全体の利益と霞が関の各省利益が一致しない場面は、増えることはあっても減ることはない。だからこそ、政治主導による問題解決が求められているのである。

政治家と官僚機構が、適度な緊張関係のなかで最適な役割分担を果たすにはどうするべきか。三年三ヵ月の民主党政権の試みを日本政治史上の回り道で終わらせないよう、各党はこれを他山の石とし、あるべき政治主導の姿について、いっそう議論・研究を深めていくことが期待される。

参考文献

伊藤信博「国家公務員制度改革の経緯と動向」『調査と情報―ISSUE BRIEF―』六七一号、二〇一〇年三月
久保田正志「政治主導の確立を目指して」『立法と調査』三〇二号、二〇一〇年三月
櫻井敏雄「官邸機能の強化と行政全般の見直し」『立法と調査』三〇〇号、二〇一〇年一月
信田智人『政治主導vs.官僚支配』朝日選書、二〇一三年
高田英樹「国家戦略室の挑戦」二〇一二年 http://www.geocities.jp/weathercock8926/nationalpolicyunit.pdf
薬師寺克行『証言 民主党政権』講談社、二〇一二年

第3章　経済と財政——変革への挑戦と挫折

田中秀明

民主党は、二〇〇九年衆院選のマニフェストで、国家戦略局による予算の骨格の策定、税金の無駄一掃と財源の確保、優先順位に基づく予算配分、財政の透明化、福祉充実による成長などを約束した。要するに、政治主導による予算編成により予算の無駄遣いをやめ、その財源で社会保障を充実させて経済を成長させるというシナリオである。したがって、問うべきは、政治主導による予算編成はできたのか、予算編成の仕組みや予算配分は変わったのか、財政規律が守られたのか、経済はどうなったのかなどである。本章では、民主党政権の経済・財政運営の結果を分析し、成功・失敗の両面を検証する。

1　低迷した経済、悪化した財政

挑戦的な目標

二〇〇九年の衆院選マニフェストには、「政治とは、政策や予算の優先順位を決めることです」「その新しい優先順位に基づいて、すべての予算を組み替え、子育て・教育、年金・医療、地域主権、雇用・経済に、税金を集中的に使います」と書かれている。その方法として、国家戦略局による予算の骨格の策定、行政刷新会議による予算や制度の見直し、閣僚委員会による調整などがあげられている。また各論では、予算・会計制度に関係するものとして、特別会計・独立行政法人・公益法人の廃止や見直し、政府調達監視等委員会の設置と国の契約の見直し、予算編成過程の原則公開、財務書類の国会提出の法定化、租税特別措置の検証制度の導入などがあげられている。

政権発足時、民主党幹部は、マニフェストのための財源確保は容易だと発言していた。鳩山由紀夫は首相に就任した二〇〇九年九月一六日の記者会見で、「行政刷新会議をすぐに稼働させ、各省庁に徹底的に無駄をなくす方向で努力を願いたい。初年度分七兆円余りは十分にメドが立つと確信している」と述べた。また、藤井裕久財務相は一一月になっても、国会で「予算編成に当たっては、マニフェストの工程表に掲げられた主要な事項を実現していくため、行政刷新会議とも連携しつつ、すべての予算や事業を抜本的に見直し、新たな財源を生み出します。これにより、財政規律を守り、国債市場の信認を確保することとしております」と答弁している（衆・財務金融委員会二〇〇九年一一月一一日）。

それでは最初に、実際の財政運営がこのような挑戦的な目標とどれほど異なることになったのか、経済の動きを交えて数字で振り返る。

大きく振幅した経済

民主党政権の一つの不運は、二〇〇八年秋のリーマン・ショックによる経済の停滞と財政赤字の拡大を前政権から引き継いだことであった。日本経済は二〇〇八〜〇九年に大きく屈折し、さらに東日本大震災や世界経済の影響を受けて上下に振幅した（図3－1）。

景気は二〇〇九年三月には底を打ち、上向きに転じていた。二〇〇九年一〜三月期の実質GDP成長率がマイナス四％（前期比）となった後は上向きに転じ、二〇一〇年七〜九月期までは、ほぼ一％台半ばを維持した。二〇〇九年度は前年度に続いてマイナス成長となったものの、一〇年度の実質GDP成長率は、政府経済見通し（二〇一〇年一月二二日閣議決定）の一・四％から三・四％へ大幅に改善した（名目GDP成長率は〇・四％→一・三％）。

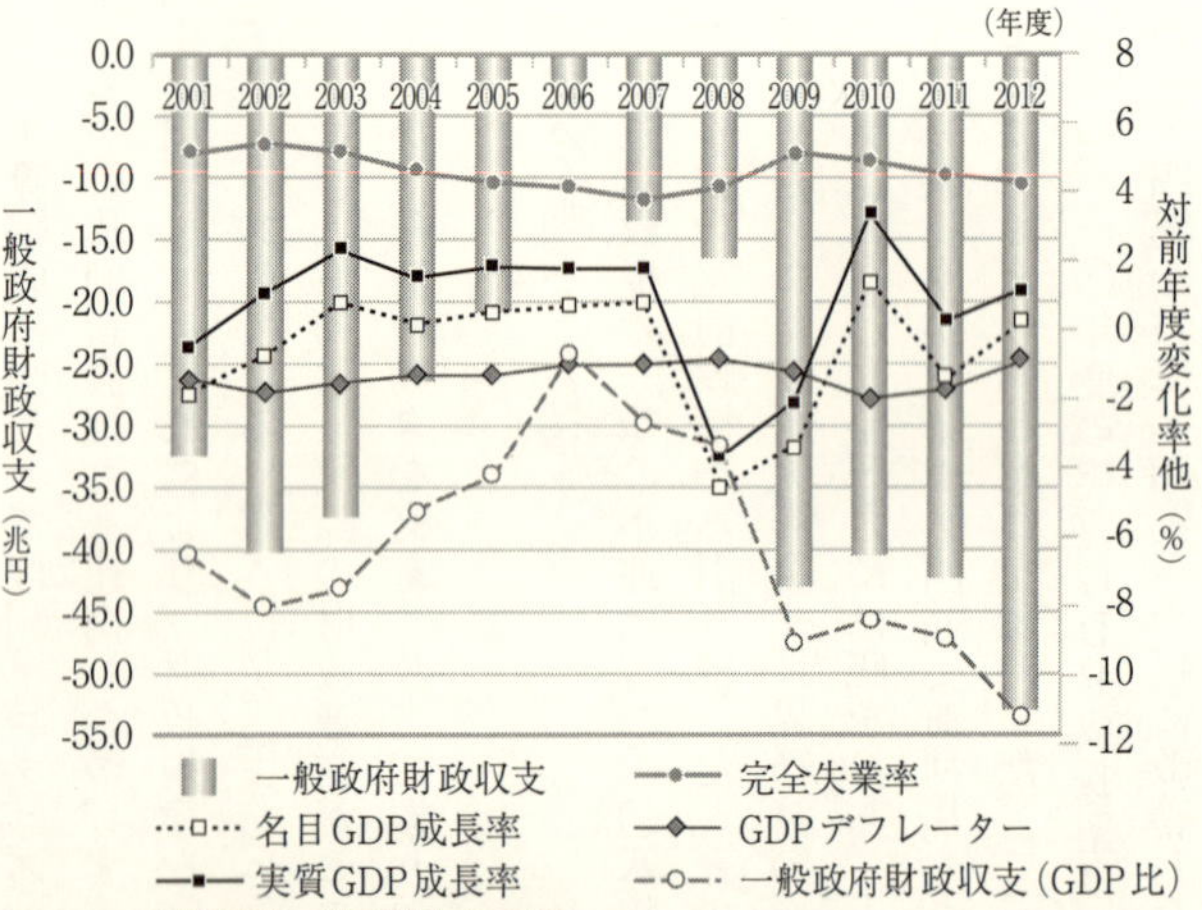

図 3-1　主要経済・財政指標の推移
内閣府「2011年度国民経済計算確報」、総務省統計局「労働力調査」等に基づき作成

このまま経済が順調に回復に進んでいれば、民主党政権の評価は変わっていたかもしれない。しかし、東日本大震災のショックで、二〇一一年一～三月期の実質成長率はマイナス二%にまで落ち込んだ。その後、震災復旧のための公需と消費が持ち直して、二〇一一年七～九月期から三期連続でプラス成長に戻ったが、一一年度全体では、政府経済見通し（二〇一一年一月二四日閣議決定）の一・五%から〇・三%へと下方修正された。二〇一二年度当初は、震災からの復興需要などで回復に向かったものの長続きはせず、世界経済の減速などの影響を受けて、一二年四～六月・七～九月期は再びマイナス成長になった。

政権期間中、消費者物価の下落幅は縮小

したが（二〇一一年度はゼロ）、実質成長と名目成長の差を表すGDPデフレーターはマイナス一～二％であり、デフレは継続した。

日経平均株価は、リーマン・ショック後の二〇〇九年二月（月中平均で七六九五円）を底として、一〇年四月に政権期間中のピーク（一万一一四〇円）に達した。その後、上下の変動はあるものの、政権末期の二〇一二年一〇月（八八二七円）まで低下傾向であった。為替レートは、二〇〇七年一月の一二〇・六円／ドル（月中平均）から、政権期間中ほぼ一貫して円高が進み、二〇一一年八月には七七・二円を記録した。長期金利（新発一〇年国債の表面利率）は、経済の不振やデフレ継続を反映して、二〇〇七年七月の一・九％から一二年一二月の〇・七％まで、ほぼ一貫して低下した。

四〇兆円を超える赤字

次に、財政全体の状態を見るため、国・地方・社会保障基金を合わせた「一般政府レベル」での変化を検証する。一般政府の財政赤字は、近年で最小だった二〇〇六年度の三・六兆円（ただし、財政融資資金特別会計からの一二兆円の資金受け入れを除けば一五・六兆円）から徐々に拡大していたが、リーマン・ショックを受けた麻生政権の財政出動により、〇九年度は四二・九兆円にまで劇的に悪化した（図3－1）。二〇一〇年度の赤字は二・五兆円弱減ったものの、民主党の政権期間中は四〇兆円を超える大幅な赤字が続いた。

二〇一〇年度の赤字はたしかに減ったが、名目成長率の回復（二〇〇九年度マイナス三・二％→一〇年度プラス一・三％）から見ると、それほどではない。その要因として注目すべきは、景気変動の影響を取り除いた政府の裁量的な政策による財政赤字（OECD Economic Outlook, No.92, December 2012）が、二〇一〇年は七・六％（対潜在GDP比）で、前年の七・三％より悪化していることである。つまり、政府の政策による赤字は、民主党政権が最初に予算編成した二〇一〇年のほうが、麻生政権による巨額の景気対策が盛り込まれた〇九年より大きかったことを意味している。それだけ財政を悪化させる政策をとったことになる。

一般会計と歳出の膨張

では、地方や社会保障基金を除き、国の一般会計がどうなったか見よう（図3－2）。ここでは、震災からの復興特別会計の歳出などを一般会計に加えて比較する。民主党が編成した二〇一〇、一一年度の歳出総額（当初）は、自民党政権最後の〇九年度から四兆円程度増えた。一方、税収は五～九兆円減った。このため、公債金は一〇兆円増えて、二年間ほぼ同額の四四兆円だった。一般会計歳出総額（決算）は、麻生政権の景気対策で二〇〇九年度は一〇一兆円まで膨れ上がり、一〇年度は九五・三兆円まで低下したものの、その後二年間は、

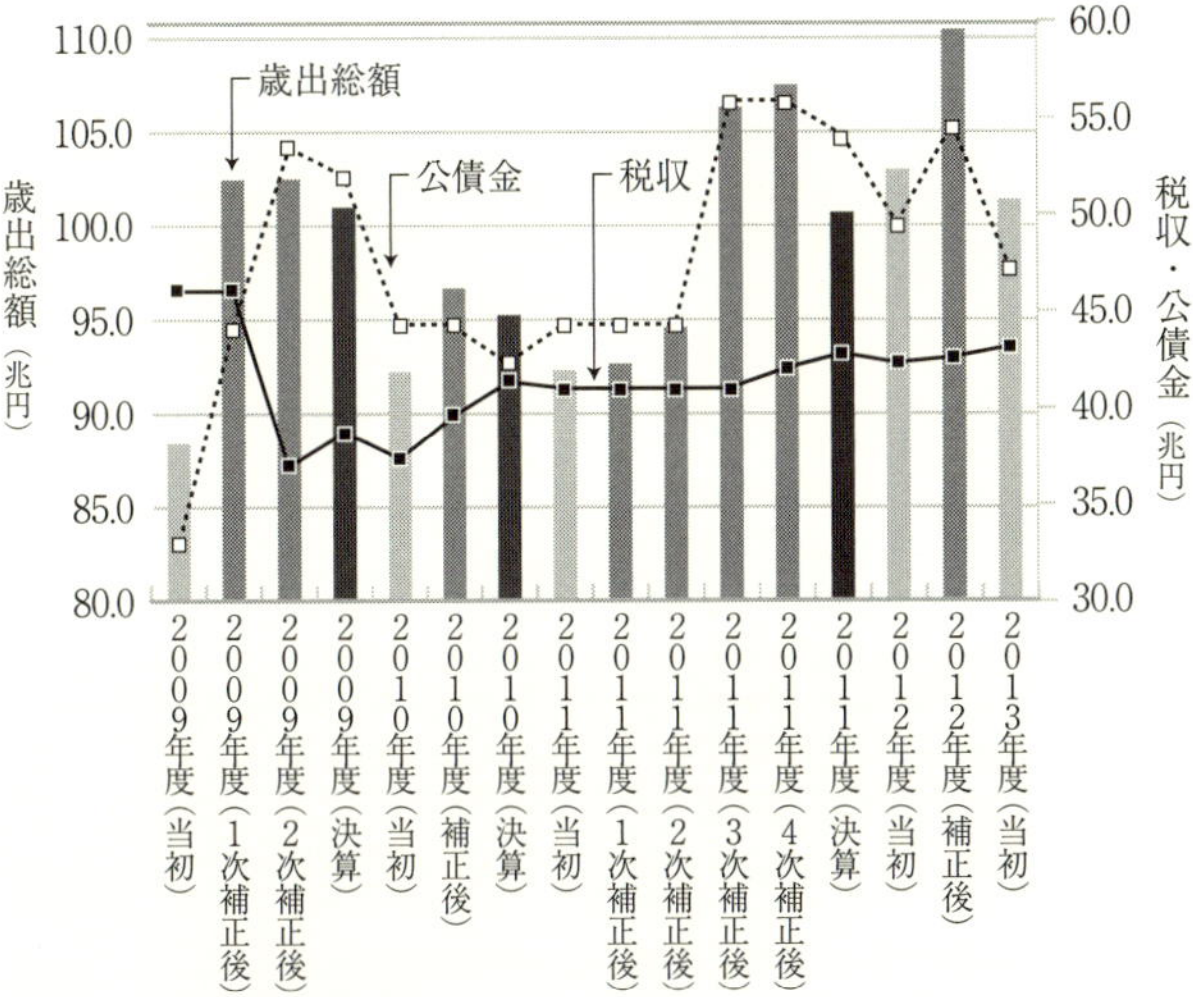

図 3-2　一般会計の推移
2012年度（当初）は、年金交付国債分を歳出と公債金に加算。2012〜13年度は、復興特会歳出、復興債を加算
財務省「予算の説明」「決算の説明」等に基づき作成

復興支出もあり一〇〇兆円を超える水準となっている。

歳入歳出の中身はどのように変化したのだろうか。二〇一一年度補正予算以降は震災復興関係の予算が計上されているので、復興関係以外の変化を見るために、〇九年度当初予算と一一年度当初予算を比べる（図3－3）。ここでは、特別会計の積立金（いわゆる「埋蔵金」）の一般会計への移転は、実質的な財政赤字として考える。埋蔵金の取り崩しは財政を悪化させるものであり、赤字国債の追加発行に等しいからである。

二年間で実質赤字（国債発行額＋埋蔵金）は八・三兆円増えたが、そ

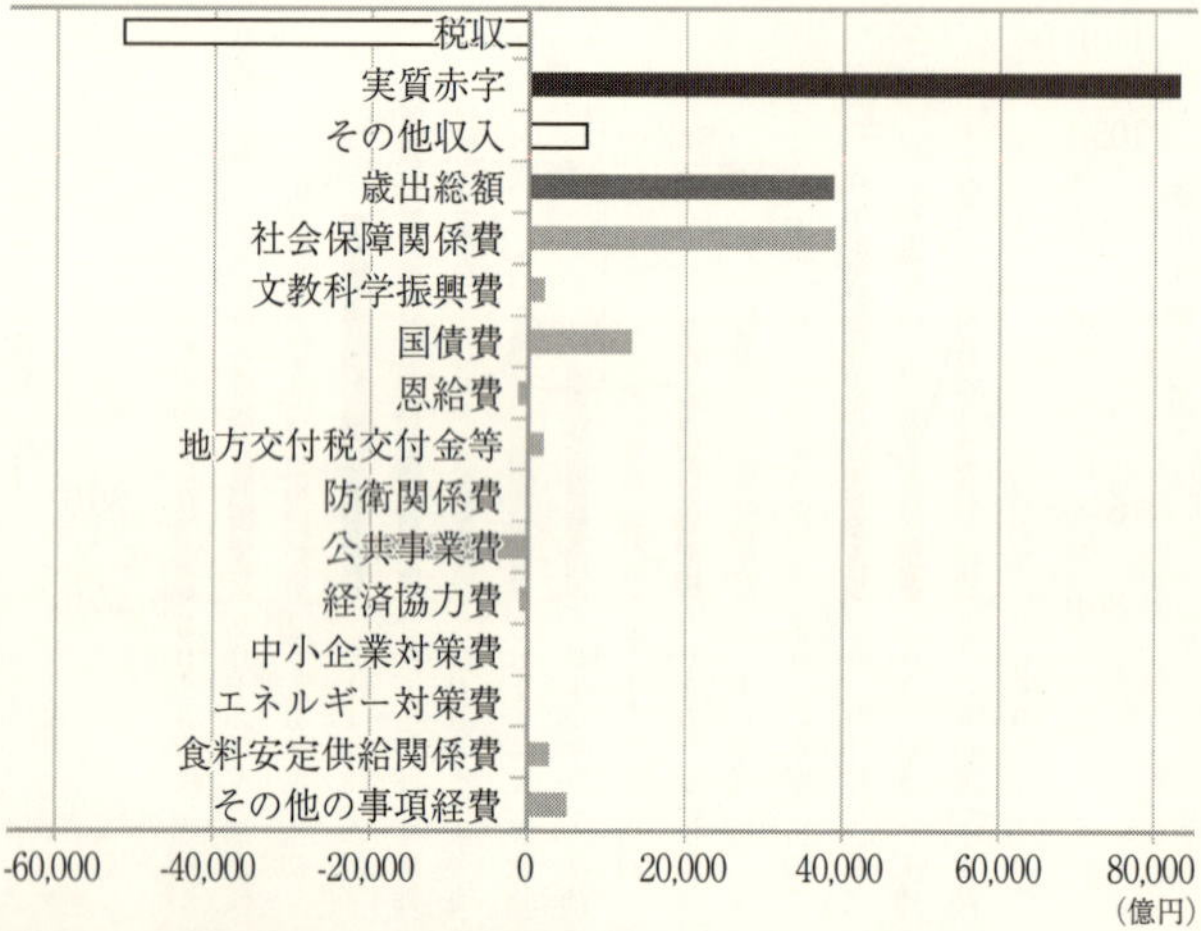

図 3-3　一般会計歳入・歳出の増減（2009年度当初→11年度当初）
財務省「予算の説明」等に基づき作成

の内訳は、税収が五・二兆円減で、歳出は三・九兆円増である。おおまかに捉えるなら、公共事業費を減らして国債費などの増加分を賄ったものの、社会保障関係費の四兆円増がまるまる歳出の増加につながった。社会保障には自然増が含まれるが、それ以外は明らかに子ども手当など民主党政権の新政策による増加分である。

同様に、二〇一〇年度当初予算を〇九年度当初予算と比べると、実質赤字は一二兆円増えた。その内訳は、税収減八・七兆円、歳出増三・八兆円である。当初予算比では二〇一〇年度の税収が九兆円も減ったので、国債発行額が増えたのはやむをえなかったといえる。しかし、同年度の決算では、税収が前年度決算より約三兆円増、当年度の当初比では約四兆円も増えているのにもかかわらず、国債発行額は当初予算より二兆円しか減っていない。回復した税収全額を国債の減額には回さず、補正予算を組んで回復した税収の一部を使ってしまったことを示している。

それを、どんな分野に使ったのか。一般会計の主要経費の歳出総額（予備費除く）に対する割合の推移を確認しよう。「コンクリートから人へ」のスローガンを守って、たしかに、社会保障関係費の割合が当初予算では高まっているが（二〇〇九年度二八・五％→一一年度三二・五％）、決算ベースではそれほど高まっていない（二〇〇九年度二八・四％→一一年度二九・六％、一二年度補正後二九・七％）。これは、当初予算では「コンクリートから人へ」をそれなりに実現したものの、年度途中で組む補正予算では、支出の多くを社会保障以外へ振り向けたことを物語っている。

一般会計と特別会計の純計では

景気後退による二〇〇九年度の税収減は民主党政権の責任ではないが、これまで見てきたように、全体として歳出が膨張したことは間違いない。国全体の歳出を調べるため、一般会計と特別会計の重複を除いた純計（借換債を除く）の推移を確認する。

二〇一〇年度歳出純計（当初ベース）は前年度当初より約九兆円、同様に一一年度当初は前年度より約五兆円も増えている。さらに二〇一二年度当初も、前年度より八・五兆円増えている。民主党政権は前述のように、一般会計と特別会計を合わせて予算を総組み替えすると宣言していたが、初年度から歳出純計は増えてしまった。

次に、一般会計と特別会計を合わせた連結ベースで、二〇〇九年度決算と一一年度決算の歳出の内訳を比較すると、この二年間で公共事業関係費は二・八兆円減少した。しかし、社会保障関係費（一・七兆円）、国債費（七・一兆円）、地方交付税交付金等（三・七兆円）、財政投融資（三・五兆円）が増えている。特別会計の整理をめざしていたにもかかわらず、財政投融資の増加がめだつ。

2 予算改革

財源確保をめぐる欺瞞

第1章でくわしく見たように、マニフェスト実施のための財源確保は約束どおりにはいかなかった。マニフェストの策定過程について松井孝治は、「最終局面で形式的に次の内閣にかけられたときに財源捻出の甘さを指摘しましたが取り入れられませんでした。経験豊富な藤井裕久さんが政権をとれば財源は出て来ると断言したのも大きかった」と述懐している

（薬師寺克行『証言　民主党政権』）。

民主党は、二〇一一年八月、マニフェストの中間検証を行い、このようにして作られたマニフェストそのものに問題があったことは認めている。一方で、財源を確保できなかった理由として景気後退による税収減などをあげているが、説得力に乏しい。財源は一般会計・特別会計を合わせて総組み替えすると言っていたからであり、さらに、前節で見たように、実際には歳出を増やしてしまった。

二〇〇九年度の一般会計税収は四月から七月までの累計額で前年度比二三・四％減となっていたことが、九月初めには判明していた（財務省「平成二一年度七月末租税及び印紙収入、収入額調」）。つまり、政権発足前に大幅な税収減になることは分かっていたが、政権幹部は財源確保が容易だと豪語していたのであり、税収減は財源確保とは無関係なのだ。また、税収が回復したときに、回復した税収の多くをマニフェストと関連の薄い社会保障以外へ振り向けていたことも検証した。さらにいえば、マニフェストでは、社会保障費の毎年の自然増約一兆円や基礎年金の国庫負担を二分の一にするための追加財源約二・五兆円などは考慮されていなかった。マニフェストで細部は詰められないとしても、政権発足時に、歳入歳出の全体像を描き、財源確保の状況を踏まえながらマニフェストの優先順位を考えるべきだった。

野田改造内閣のとき、官邸のホームページに「政権交代以降の財源確保の状況」と題する資料が掲載された。これには、二〇一〇年度は一四兆円、一一年度は一〇・九兆円、一二年度は七・七兆円の財源が確保できたと説明されている。野田自身も、衆院本会議（二〇一二年五月一一日）で、同趣旨の答弁をしている。しかし、この数字は従来からあった日銀納付金などを含めた税外収入の合計であり、すべてを民主党が発掘したわけではない。

また、これらの数字には埋蔵金が含まれているが、そもそも埋蔵金の取り崩しは財政を悪化させるもので、赤字国債を発行するのと変わらない。「埋蔵金により財源を確保した」との説明は自民党政権時代から行われてきたが、それは国民を欺くものである。民主党は、マニフェストで一六・八兆円の財源を確保するとしていたが、恒久財源（歳出削減と税制改正）として確保できたのは、前述の官邸資料で見ても、四兆円程度にすぎない。

それでは次に、民主党政権での予算編成を概観しよう。

鳩山内閣――マニフェスト予算の挑戦

最初の二〇一〇年度予算編成の出発点は、二〇〇九年九月二八日の政府連立与党首脳会議で決定された予算編成の基本方針である。ここで麻生政権が設けた予算の概算要求基準（シーリング）を廃止し、各省が提出した概算要求を白紙に戻すことを決めた。同時に予算の年内編成を決めたため、短い時間でマニフェスト関連施策を予算化する難しい作業となった。

何よりも、シーリングがなくなったため予算要求のタガがはずれてしまい、各省はマニフェストを盾に予算増額を要求した。

こうしたなかで財源確保の手段として期待されたのが、一一月一一日から国レベルで初めて本格的に行われた「事業仕分け」であったが、財源確保の点では不十分だった。

マニフェスト関連予算か財政規律かをめぐり、新規国債発行額が焦点になった。四四兆円以下にするかどうかで、首相をはじめとする主要閣僚の意見が異なり調整は難航したが、結局、歳出総額は前年度の八八・五兆円から九二・三兆円に膨れた。国債四四兆円の枠は守ったものの、それは自民党政権時代と同様、埋蔵金などを使った会計上の操作によるものであった。そもそも、四四兆円という目標自体が麻生政権の補正予算で膨らんだ数字を前提にしたものであり、この目標自体が問われるべきであった。一般会計の公共事業費は前年度当初予算比で一八・三％削減され、「コンクリートから人へ」の約束はある程度守られた。

自民党政権で年末恒例だった予算の陳情は、民主党幹事長の小沢一郎が一手に取り仕切った。国土交通相だった前原誠司は、「政策は政府が決めるといいながら、党から政策要望という予算要求が来た。おかしいと思い、平野官房長官から党の要望について各担当大臣がサインしろと言われたが、私はしなかった」という。

菅内閣——財政運営戦略に基づく予算

鳩山内閣では、二〇一〇年度予算編成と並行して、予算制度改革の検討も進められた。国家戦略担当相のもとで二つの検討会（後述）が開催され、財政再建目標や中期財政フレームの策定が提言された。

二〇一〇年六月に誕生した菅内閣は六月二二日、この提言に基づいて「財政運営戦略」を閣議決定した。戦略には、国・地方の基礎的財政赤字を、二〇一五年度までに一〇年度の水準から半減させ、二〇年度までにゼロにすること、一一年度の一般会計歳出（国債費を除く）が七一兆円（一〇年度当初予算の歳出の大枠）を上回らないようにすること、さらに一一年度から三ヵ年を対象とする中期財政フレームを策定することなどが盛り込まれた。これが二〇一一年度予算編成の出発点になった。

七月に決定された二〇一一年度予算の概算要求基準では、政策経費（国債費・社会保障費などを除く）の原則一割削減と、それを成長戦略やマニフェスト関連予算にあてる「元気な日本復活特別枠」（一兆円超）の導入が決定された。この特別枠の配分をめぐっては、各省が政策を競い合う「政策コンテスト」が実施され、玄葉光一郎国家戦略相を議長に関係閣僚で構成される評価会議が開催された。

二〇一一年度予算は、民主党政権が編成の最初からかかわった初めての予算であったが、前年度に続いて、子ども手当などマニフェスト関連施策の財源確保に苦しんだ。六月に作った中期財政フレームは守ったものの、埋蔵金の活用などでやりくりした予算だった。

野田内閣――党主導の予算編成

野田内閣が行った二〇一二年度予算編成では、党の関与がいっそう強くなり、自民党時代の予算編成により近づくことになった。例えば、各省庁の概算要求は各省に対応した党の部門会議で議論し、部門会議の了承をとることになった。加えて、関係閣僚と民主党・国民新党の政調会長で構成される「予算編成に関する政府・与党会議」が新設された。

予算編成に関与する組織は党だけでなく、一〇月に設置された国家戦略会議も加わり、同会議は二〇一一年一二月一二日、予算編成の基本方針の骨子案をまとめている。予算編成については、国家戦略室や閣僚委員会の関与が低下し、財務省、そして政府・民主党三役会議、予算編成に関する政府・与党会議、国家戦略会議などが乱立して混乱を招いた。

予算編成の基本的な方針は前年度とほぼ同様であり、人件費などを除く政策的経費を原則一割削減して財源を捻出し、特別枠の財源とすること、一般会計歳出の枠を七一兆円、新規国債発行額を四四兆円以下とすることなどであった。

二〇一二年度の一般会計は総額九〇・三兆円（前年度当初比マイナス二・二％）となったが、

これは基礎年金の国庫負担の一部を交付国債に振り替えるとともに、復興予算を特別会計に振り向けたからである。これらの歳出を一般会計に戻せば、歳出は九六・七兆円に達する。つまり、二〇一二年度予算では、会計の手法を駆使した粉飾により、当初の数値目標を守ったといえる。また、整備新幹線や首都圏の外環道などの大型公共事業が復活し、コンクリートから人へという方針も揺らいだ。

財政規律と予算の透明化に向けた試み

以上のように、民主党政権は予算の組み替えを十分に実行できずに歳出を増やしてしまったとはいえ、もともと民主党は、公共事業による景気対策を乱発して財政赤字を拡大させた自民党政権の財政運営を批判し、財政規律を重視していた。

それを最初に示したのが、麻生政権で作られた二〇〇九年度第一次補正予算の執行凍結である。公共事業の凍結などで二・七兆円を捻出し、鳩山政権での第二次補正予算に使うことにしたが、連立を組む国民新党代表の亀井静香が第二次補正について一一兆円規模を要求した。これに対して、「旧来型の景気対策だ」と言って異論を唱えたのが副総理の菅だった。菅と亀井との間で経済対策の規模をめぐって対立が続き、対策の閣議決定が延期されたものの、最後は政府の当初案からの増額幅を一〇〇〇億円に抑えて、二〇〇九年一二月八日、七・二兆円の経済対策が閣議決定された。

次の試みは事業仕分けである。事業仕分けを担当した行政刷新会議は、『「事業仕分け」とは、公開の場において、外部の視点も入れながら、それぞれの事業ごとに要否等を議論し判定するものであり、透明性を確保しながら、予算を見直すことができる』としていた。

事業仕分けの第一弾は、東京・市谷《いちがや》にある政府機関の体育館を使って九日間にわたり行われ、連日多くの傍聴者が詰めかけ、またインターネットを通じて同時中継された。二〇〇九年一二月に行われた読売新聞社の世論調査では、仕分けの実施について七一%が肯定的に評価している。

その後、事業仕分けは特別会計、独立行政法人や政策などへも対象を広げ、二〇一一年一一月までに合計四回行われた。また、二〇一〇年からは、各府省が自ら事業仕分けを行う「行政事業レビュー」も実施されている。各府省は、所管する事務事業一つ一つについて、「行政事業レビューシート」を作成し、事業の目的や予算の使い方を説明する。全体では五〇〇〇を超える事業が対象になった。のちに東日本大震災の復興予算の使われ方が問題になったが、それはこのシートがあったから被災地以外での使用を発見できたのである。

事業仕分けについては賛否両論があるが、最大の功績は予算編成の問題点を明らかにしたことである。事業仕分けで浮かび上がったことは、予算を査定する財務省、事業の評価を行う総務省、事後チェックを行う会計検査院や国会の決算委員会など、予算を精査する多くの機関があるにもかかわらず、どうしてこれほど無駄な予算があるか、税金が非効率に使われているか、という疑問である。自民党長期政権で表に出なかった問題があぶり出された。

税制改正についても、民主党は自民党時代の方法を抜本的に見直した。政府主導の税制改正を行うため、従前の識者による税制調査会を廃止し、財務相を会長とし、府省の副大臣らで構成される税制調査会を新たに設置した。この政府税制調査会で検討し実現したのが、「租税特別措置透明化法」(二〇一〇年三月成立)である。これは、研究開発への減税など、特定業界に時限的に適用される特別措置の効果を確かめるため、適用企業が法人税を申告する際に、利用した特別措置の種類と適用額などを記載した「適用額明細書」を添付することを義務付けるものであり、大きな前進だった。

そして、政治主導の手段として提案されたのが、国家戦略局や閣僚委員会であった。こうして取り組んだにもかかわらず、なぜ財源確保が不十分だったのか。端的にいえば、制度設計が甘く、制度を実施していく指導力もなかったからである。個別に評価を試みよう。

事業仕分けの限界と可能性

民主党政権は、事業仕分けによってマニフェスト実施の財源を確保しようとしたが、その結果はどうだったか。事業仕分けによって捻出された金額は、事業の部分的な見直しなどもあり正確には算出できないが、第一弾では、概算要求から約七〇〇〇億円が削減可能とされ、独立行政法人の基金の返還なども含めた仕分け全体の効果は、約一・六兆円とされた（新聞各紙の報道による数字）。他方、財務省の資料「行政刷新会議の事業仕分けの評価結果の反映などによる歳出歳入の見直し」（二〇一〇年一月）によると、事業仕分け以外も含めた成果は、概算要求段階での歳出削減約一・三兆円、概算要求後の歳出削減約一兆円、歳入確保約一兆円の合計約三・三兆円であり、これが二〇一〇年度予算に反映されたとしている。

事業仕分けによって財源確保に努力したことは間違いないが、民主党幹部が当初目論んでいたほどではなかった。事業仕分けはもともと地方自治体で発展したものであるが、その目的には、住民参加型の予算編成、透明性の向上などがあり、財源確保だけが目的ではない。事業仕分けの生みの親であり、当時、行政刷新会議事務局長であった加藤秀樹に筆者が聞いたところによると、財源確保手段としての事業仕分けについては懐疑的であった。「事業仕分けは、本来、国の事業や予算の使い方の透明化が目的。公開の場で議論することで、既得権を守ろうとする政治家、官僚にタガをはめることができる。そのタガを維持するには国民が声をあげることも重要。そのためにはマスメディアが、仕分けによる表面上の削減額だけではなく、一連の流れをきちんと報道すべきだった。予算の多くは社会保障のように制度によって決まっているので、これを削減するためには、理念と戦略に基づいた制度改革が必要である。政治主導の予算とは、従来の役人のやりくりではなく、政治が制度そのものを変えることだ」と述べている。

ではどうすればよかったのか。参考になるのが、一九九〇年代に「プログラム・レビュー」と呼ばれる手法で財政再建に成功したカナダである。カナダでは、最初に、各省庁別に歳出の削減目標をトップダウンで定めた。その削減率は二桁にものぼるものであり、省庁により五〜六〇%と大きな相違があった。各省の支出削減幅が閣議で承認されると、削減の具体的作業は各省庁に委ねられた。各省庁自身が、仕分けの基準に基づき政策の廃止・予算の削減を行った。要は、各省の大臣が「査定大臣」になったのである。

日本の事業仕分けでは、省庁別の削減目標額は示されなかった。だから各省庁は、関係議員や団体と協力しながら、所管する予算を守ることに注力したのである。鳩山首相は当初、各省大臣に対して査定大臣になれと指示したが、実際にはそうならなかった。

実は民主党政権でも、カナダ方式で予算を削減した例がある。それは二〇一〇年度の国交省予算での公共事業費である。当時国交省副大臣だった馬淵澄夫は、「前原大臣から予算を一五%削減するようにと言われ、次官が顔を真っ青にして飛んできた。しかし、僕はあえて二割削減するように言い、次官は絶句して部屋から出ていった。道路局だけが二割削減を出してきたが、他の局はだめだった。そういう官僚心理を読みながら、最終的に省全体で一五％削減を実現した」と述べているが、まさに政治が最初に削減目標を決めたのである。

事業仕分けは、その後、府省で内製化する行政事業レビューに発展し、政権交替後も引き継がれている。重要な一歩であったが、旧来の予算編成を大きく変えるまでには発展していない。「せっかく楔《くさび》が打ち込まれたが、それが生きるには、メディアを含む『外』の人間が監視しないといけない。カナダのプログラム・レビューが成功したのも、国民の圧倒的支援をバネにしたからだ。最後は国民が政治を『自分事』と思うかどうかに帰着する」（加藤秀樹）。また、事業仕分けや行政事業レビューといったミクロの取り組みを予算編成プロセスに組み込んで、予算編成全体を改革すべきだったが、次に述べるように、そうした改革には至らなかった。

国家戦略室による予算編成

民主党の金看板の一つだった国家戦略局は、その予算編成プロセスを大きく見直すためのものだった。だが第2章の「政権構想第三策」で見たとおり、戦略局を設置するための法案の提出も国会審議も遅れに遅れ、民主党政権はついに法案成立の断念に追い込まれた。

これを実現できなかった背景には、国家戦略局による予算作りの構想が十分に練られたものではなかったこともある。国家戦略局の設置を盛り込んだ政治主導確立法案（二〇一〇年二月閣議決定）では、国家戦略局の所掌は、内閣官房副長官補の所掌から除くものとしており、両者はいわば競合関係にある。国家戦略担当相と官房長官の役割分担が難しかった。実際に、社会保障制度改革の担当をめぐって両者が争ったこともある。

鳩山内閣でまず設置された国家戦略「室」の役割や機能をめぐって、このように意見の相違が顕在化したことが政治主導を弱めた。当時、行政刷新担当相だった仙谷由人は、「国家戦略室のイメージが定まらなかった。経済財政諮問会議に近いものを作るのか、それともポリシー・ユニットとしての戦略室なのか、はっきりしなかった」と述べている。

そうであるなら、構想を共有できていない新しい組織を無理して作るのではなく、従来の組織を活用しながら、後で述べるような予算制度改革を着実に実行していく道をとったほうが賢明だったのではなかろうか。

こうした民主党内の意見の相違・対立は、国家戦略室に予算編成の実権を奪われたくない財務省にとっては好都合だった。民主党政権としての最初の本格的な予算である二〇一一年度予算では、国家戦略室は概算要求基準など重要戦略の策定からははずされ、予算編成は従来の内閣官房・財務省のラインで進められた。国家戦略室員であった高田英樹は、財政運営戦略、中期財政フレームといった中長期の財政の枠組み作りに国家戦略室が果たした役割を強調する一方、単年度の予算については、「国家戦略室が予算編成の『司令塔』として機能したかというと、それにはまだ及ばないのが実態である」（高田英樹「国家戦略室の挑戦」）と述べている。

表3-1　閣僚委員会の開催状況　（回数）

名　称	鳩山内閣	菅内閣	野田内閣	合　計
予算編成	9（29分）	12（23分）	6（17分）	27（24分）
地球温暖化	8（50分）	2（46分）	2（21分）	12（44分）
基本政策	7（40分）	0	0	7（40分）
経済連携	1（39分）	2（71分）	1（42分）	4（56分）
経済関係	0	4（27分）	0	4（27分）
防衛等	4（25分）	0	0	4（25分）
合　計	29（37分）	20（31分）	9（21分）	58（32分）

カッコ内は、１回当たりの平均所要時間
『朝日新聞』『日本経済新聞』『読売新聞』の首相動静欄に基づき作成

「予算編成に関する閣僚委員会」の形骸化

政治主導の予算編成を行ううえで鍵を握っていたのは「予算編成に関する閣僚委員会」である。政治主導とは、端的にいえば、官僚に代わって首相や大臣が調整を行うことだからである。表３－１は、閣僚委員会の開催状況を調べたものである。開催回数では、たしかに予算編成に関する閣僚委員会が最も多く、全体のおよそ半分を占めている。菅内閣で回数が一番多いが、これは夏の概算要求基準の策定などがあったからであり、鳩山内閣と比べて特に多いというものではない。野田内閣での回数は、明らかに少ない。野田内閣では「予算編成に関する政府・与党会議」も設置され、予算編成に関する閣僚委員会は形骸化した。

予算編成に関する閣僚委員会は、形式的な手続きを行うことが多く、予算に関する意見の相違をトップダウンで調整する役割を果たしたとはいえない。正確には、閣僚委員会が機能するように政権が活用しなかった、というべきだろう。イギリスやオーストラリアにおける予算に関する閣僚委員会は、予算に関する紛争を首相や財務相など少数の閣僚で調整し決定する場であるが、日本ではそのようにはならなかった。子ども手当などマニフェスト関連予算こそ、閣僚委員会で調整すべき対象であった。予算に関する紛争や問題は、すべて閣僚委員会に上げて調整するという方針を政府の内外に示し、それを実際に実行して組織としての権威を自ら作らなければ、誰も尊重しないのである。

予算制度改革の期待と現実

民主党政権は発足当時、予算や財政の問題について高い理想を掲げていた。菅副総理兼国家戦略担当相のもとで、「予算編成のあり方に関する検討会」が開催され、菅のほか、古川元久国家戦略室長、野田佳彦財務副大臣、津村啓介内閣府大臣政務官、片山善博《よしひろ》慶應義塾大学教授が参加した。当時、財務省を休職し一橋大学に在職していた筆者も、菅に呼ばれて参加した。この検討会は二〇〇九年一〇月半ばまでに四回の会合をもち、予算制度改革の基本的な青写真を描く「論点整理」を作成した（その後に閣議決定）。その柱は次のとおりである。

①複数年度を視野に入れたトップダウン型の予算編成
②予算編成・執行プロセスの抜本的な透明化・可視化
③年度末の使い切り等、ムダな予算執行の排除
④政策達成目標明示制度の導入により、国民に対する成果を重視

この提言を具体化するため二〇一〇年一月末に設置されたのが、「中期的な財政運営に関する検討会」である。メンバーは、仙谷由人国家戦略担当相、松井孝治内閣官房副長官、古川国家戦略室長、野田財務副大臣ら七人の政治家、六人の有識者（井手英策《えいさく》慶應義塾大学准教授、片山慶大教授、河野《こうの》龍太郎ＢＮＰパリバ証券チーフエコノミスト、土居丈朗《たけろう》慶大教授、富田俊《とし》基《き》中央大学教授および筆者）であった。ここでの検討結果は四月、「論点整理」としてまとめられた。そのポイントは、次のとおりである。

①財政再建プランは、慎重な経済見通しを前提とする
②財政収支と国債残高の両方の財政再建目標を設定する

③トップダウン型の予算編成、ペイアズユーゴー（新政策を導入するときの財源確保）原則などの財政運営のルールを導入する

④向こう三年間の歳出の大枠について、拘束力をもつ中期財政フレームを作成する

これらの改革案は、諸外国の予算制度改革の流れに沿うものであった（田中秀明『財政規律と予算制度改革』）。しかしながら、二つの検討会の提言は、慎重な経済見通しを前提とすることなど一部は実現したものの、全体としては、予算制度の抜本的な改革には結びつかなかった。政策達成目標明示制度は閣議決定したものの導入には至らず、中期財政フレームに関しては、検討会のメンバーが強く提案した「ベースライン」は導入されなかった。

現行の制度と最新の経済データに基づき、中期の歳出・歳入の見積もりをたてる。これがベースラインである。次に、財政再建目標を達成するために、歳出・歳入をどうするのかを考える。経済の変動に応じて半年ごとにベースラインを改定し、財政政策の結果や目標の進捗状況を検証していく。こうした予測と検証は、我が国の予算編成を抜本的に変革するものとして提案されたが、ベースラインに基づく予算編成になると、補正予算や会計間の操作などにより政治と駆け引きしながら予算を作る従来型の手法が使えなくなるため、財務省がその導入に反対したのである。

3　成長戦略と増税

福祉による経済成長は可能か

民主党政権の発足時から「足りない」と批判されていたのがマクロ経済政策である。マニフェストには、経済・金融政策についての記述がほとんどない。強いていえば、「生活の安定が希望を生み、意欲的になった心が、この国全体を押し上げていきます」と書かれているように、福祉による経済成長をめざすことが読みとれる。

そこで、政権発足後に急遽《きゅうきょ》、成長戦略作りが始まった。菅副総理が一二月一一日の記者会見で、鳩山首相の指示を受けて経済成長戦略を年内にまとめる方針を表明した。一五日に成長戦略策定会議（鳩山首相を議長とし全閣僚が議員、事務局は国家戦略室）が設置され、三〇日には「新成長戦略（基本方針）」が閣議決定された。

これを受け、菅内閣に代わった直後の二〇一〇年六月一八日に「新成長戦略」が閣議決定された。その基本的な考え方は、「強い経済」「強い財政」「強い社会保障」である。

公共事業中心の経済政策である「第一の道」や、行き過ぎた市場原理主義に基づく経済政策である「第二の道」ではなく、持続可能な財政・社会保障制度の構築や生活の安全網の充実を図ることが雇用を創出するとともに、国民の将来不安を払拭《ふっしょく》し、経済成長の礎となる「第三の道」をめざす、と打ち出した。こうした考えを提唱した菅自身が、鳩山政権時代、財務相として衆院財務金融委員会（二〇一〇年二月二四日）で、「社会保障分野というのは、単に困った人を助けるということを超えて、ある意味では最大の成長分野である」と述べている。

具体的には、七つの戦略分野（グリーン・イノベーション、ライフ・イノベーション、アジア経済、観光・地域、科学・技術・情報通信、雇用・人材、金融）での施策と、特に重要な施策として二一の国家戦略プロジェクトが定められた。

八月三〇日、日銀の追加金融緩和に合わせて、政府は追加経済対策の基本方針を発表した。その一つとして、経済政策を幅広く議論する体制を整えるため「新成長戦略実現会議」の新設を盛り込んだ。これは、自民党政権時代の経済財政諮問会議の事実上の復活ともいえる。同会議は、菅首相を議長とし、関係大臣と民間有識者で構成された。

「新成長戦略」は過去の戦略を分析して作られたが、基本的には総花的である。根本的な問題点は「福祉による成長」の妥当性にある。生活の安全網を充実させることは大切だが、政府が所得再分配政策や需要拡大政策を進めても、長期的な成長は期待できない。福祉の分野は、一般に生産性が低くイノベーションも起こりにくい。成長にとって重要なのは生産性であり、市場メカニズムを活用しながら資本と労働の質を高めることだ。政府は、民間企業の競争やイノベーションを促進させるための環境整備に役割を発揮すべきである。

そもそも民主党内には、成熟社会では経済成長をさして期待できないという考え方もあり、成長に対する姿勢に開きがあった。例えば、二〇一一年秋、野田首相から経産相就任を要請された枝野幸男は、「私は人口減少社会での経済成長は難しいと思う」と一度は断ったという（『朝日新聞』二〇一二年一月八日付）。成長を重視していた海江田万里も、「社会保障を整備していくことによって民主党の支持は高まるとの考え方があり、現にそうだったので、社会保障を支える経済成長の話は後回しになる傾向があった」と振り返る。

さらにいえば、政権期間中に経済財政担当相が六人も誕生し、また国家戦略相と経済財政担当相が別の人物になる場合もあり、政策の一貫性を維持するのは難しかった。

民主党のデフレ対策

三年三ヵ月の政権期間中、日本経済はデフレの低迷から脱することができなかった。消費者物価上昇率（コア）は、二〇〇八年度に一度、一・二％までに上がったが、その後の三年間はほぼマイナスだった。実質成長と名目成長の差であるGDPデフレーターは、二〇〇一年度以降、一貫してマイナスだった（九〇ページ、図3－1）。

民主党政権は、デフレ対策の重要性を意識しなかったわけではなく、日本銀行と協力しながら、そのときの状況に応じた対応をとってきた。

二〇一〇年四月九日に鳩山首相と白川方明《まさあき》日銀総裁が首相官邸で会談し、政府と日銀が協調してデフレ克服に取り組むことを確認している。同月には、民主党内で一三〇人が参加する「デフレから脱却し景気回復を目指す議員連盟」（会長は松原仁《まつばらじん》）が、思い切った金融緩和を実行すること、物価適正水準を政府が決定すること、などを提言した。

一〇月に日銀は「包括的な金融緩和政策」（ゼロ金利政策の継続、さまざまな金融商品を購入するための基金の創設など）を策定し、二〇一二年九月初めまで、五回にわたり金融緩和策を追加してきた。また、日銀は、二〇一二年二月、消費者物価の前年比上昇率で「当面一％」とする物価安定のメドも導入し、政府は、四月一三日に「デフレ脱却等経済状況検討会議」の第一回会合を開いている。一〇月三〇日には白川総裁、城島光力《じょうじまこうりき》財務相、前原誠司経済財政担当相の連名による共同文書を発表して、日銀が物価上昇率一％をめざし強力に金融緩和を進めることを確認している。

ただ、こうした対策は、後の安倍自民党政権が打ち出した「異次元緩和」に比べると、ゆるやかなものだったが、経済通の海江田は、「デフレの克服には時間がかかる。一歩一歩着実な脱却でなければいけないと考えていたので、物価上昇の目標も当面一％とした」と語り、過激なアベノミクスとの違いを指摘した。また菅は、「金融緩和したからといって、消費や設備投資にお金が回らないのが今の状況であり、そうした意見をもつ経済学者も半分はいる」と述べ、異次元緩和を批判した。

そもそも、二〇〇八年三月の日銀総裁の任命の経緯を思い起こせば、民主党政権が白川総裁の方針を覆させてまで金融緩和を強要することはできなかったと考えられる。当時の福田康夫政権が提案した日銀総裁候補に対して、民主党は「財務省OBであり、財政と金融の分離の方針に反する」と言って、次々と不同意を突きつけた。その結果、日銀総裁が一時空席になってしまい、結局、日銀出身の白川副総裁を総裁とすることに民主党も同意したわけである。つまり、事実上、白川総裁を誕生させたのは民主党だったといえる。

民主党は以前から財政と金融の分離を主張し、日銀の独立性を重視していたのであり、一九九七年に日銀法を改正して独立性を高めたときには、民主党が大きな役割を果たした。「だから、日銀の金融政策について政府がいろいろ注文をつけたり、強引にやらせたりするのは控えなきゃいかんという考えは、菅も岡田も僕にもあった」と仙谷由人は述べている。

復興予算、問題の根源

次に、東日本大震災からの復興予算の問題点について検証する。

政府は復興の基本原則を定めた東日本大震災復興基本法を、二〇一一年六月に成立させた。

復興に必要な費用を当初五年間で少なくとも約一九兆円と見積もり、そのうち約一〇兆円を臨時の増税で賄うことにした（株式売却などの税外収入は五兆円）。

そして復興財源確保法が、与野党の修正協議を経て二〇一一年一一月成立した。そのポイントは、所得税について、二〇一三年一月から二五年間、税額の二・一％を上乗せする、個人住民税については、一四年六月から一〇年間、年一〇〇〇円を加算する、法人税については、一二年四月から三年間、税額の一〇％を上乗せする、というものである。

しかし、この復興予算を使って、被災地の復興とはほとんど関係のない事業が行われていることが明るみに出た。NHKスペシャル「追跡 復興予算19兆円」（二〇一二年九月九日放送）が、復興予算一九兆円のうち、二兆円が被災地とは関係のない地域で使われていることを、五万ページを超える資料に基づいて報道した。例えば、経済産業省の国内立地補助金として、岐阜県のコンタクトレンズメーカーの製造ラインに使われた。農林水産省の反捕鯨団体の対策費用、国土交通省の沖縄県道路整備費用、外務省の青少年交流事業などなど、次々に被災地とは直接関係のない事業の実態が明らかにされている。

批判が巻き起こったが、被災地以外にも復興予算を使えることは、実は東日本大震災復興基本法に規定されていた。復興基本法の第一条には、「東日本大震災からの復興の円滑かつ迅速な推進と活力ある日本の再生を図ることを目的とする」と書かれている。つまり、法律の目的は、復興と日本再生の二つである。こうした事態を招いたのは、予算制約がゆるみ、政府機構に内在する慣性が働いたからだ。予算の削減を長年求められ苦労してきたところに大型の復興予算が認められたので、「干天《かんてん》の慈雨」とばかりに費用対効果が低い事業にも予算をつけ、被災地以外へも回したのである。各省庁や財務省の役人、政務三役や野党の政治家、利害関係のある民間企業などが、それぞれ自らの利益を追求した結果といえる。

問題の根源は、復興予算の総額の見積もりにある。すなわち一九兆円が過大だったのだ。この予算額のベースとなったのは、内閣府の推計である。内閣府は二〇一一年三月二三日、東日本大震災における物的資産の毀損額を、仮の数字として一六兆円から二五兆円と発表している。この数字は、一九九五年の阪神・淡路大震災による資産の毀損をベースに、きわめて大ざっぱに推計されたものであり、その詳細な根拠は示されていない。

社会保障・税一体改革の評価

民主党政権の最後の大仕事となったのが、消費税の増税である。菅・野田の両首相を増税に走らせた理由はいろいろ指摘されているが、党内には、歳出削減では財源確保に限界があり、増大する社会保障費を賄うために消費増税はやがて避けられない、という考えが以前から潜在的にあった。社会保障を重視する民主党の立場からすれば、それは自然である。国民の多くも消費増税に頭から反対したわけではない。問題はその手順と内容だった。

菅首相は、参院選直前の民主党マニフェスト発表会（二〇一〇年六月一七日）で、増税時の消費税率について、「自民党が一〇％という案を出されている。参考にさせていただきたい」旨発言した。いかにも唐突で、十分な調整もなく、その後の説明も二転三転した。

もともと民主党は無駄を徹底的に省くと言っていたのに、もう増税かと国民は受け取ったのである。結論からいえば、このときに税率に言及するべきではなかった。「次の衆院選まで徹底した歳出の効率化に努め、どうしても足りない場合は、それに応じて税率を検討し国民に増税をお願いしたい。ただし、消費増税を含む社会保障と税の一体改革には準備が必要なので、検討は開始する」と説明するのが筋だったのである。

参院選での敗北で休止していた消費増税をめぐる議論は、二〇一〇年一〇月、政府・与党社会保障改革検討本部の設置により再開し、社会保障改革の全体像と財源を一体的に議論することになった。この社会保障・税一体改革を進めるため、菅は二〇一一年一月の内閣改造で、たちあがれ日本の共同代表だった与謝野馨を経済財政担当相として起用し、その検討を事実上すべて彼に委ねた。

二〇〇九年衆院選のマニフェストに書かれていなかった消費増税の検討は、民主党内に混乱と対立をもたらし、一体改革の具体化は次の野田内閣に引き継がれる。紆余曲折を経て、二〇一二年一月六日、政府・与党社会保障改革本部で一体改革の素案を決定し、さらに三月三〇日、一体改革関連法案を閣議決定して国会提出にこぎつけた。

国会での審議は難航が予想されたものの、消費増税はそもそも自民党が先に提案したものであり、交渉の可能性はあった。民主党は、低所得者対策やこども園の取り扱いなどについての自民党からの修正要求を呑み、関連法案は六月二六日、衆議院で修正のうえ可決した。その後、参議院でも可決され、八月一〇日に成立した。与野党の修正などにより成立した社会保障・税一体改革関連法案の内容は、年金・医療、子ども・子育て支援、高齢者雇用・雇用契約、消費増税など多岐にわたるが、そのポイントは、消費税率を現行の五%から、二〇一四年四月一日に八%、一五年一〇月一日に一〇%へ引き上げることである。

民主党内の対立、ねじれ国会など厳しい政治状況のなかで、野田政権が一体改革関連法案を成立させたことは評価できる。消費増税は歴代政権が先送りしてきたものであり、しかも減税とのセットではなく、戦後初めての純増税である。

しかしながら、今回の改革は一言でいえば、増大する社会保障支出に不足する財源を埋め合わせるためのものであり、保険と税の役割分担や、雇用と年金の調整など、関係する各制度を一体的に捉えて機能を見直すための改革ではない。増税について党内の合意を得るのが精一杯であり、痛みを伴う個別の歳出に斬り込む余裕はなかったといえる。

例えば、一体改革の検討過程では、現在の各制度の問題点がデータに基づき分析されていない。保険料と税金が混在している問題点も議論されていない。社会保障改革の基本は、より恵まれた者には我慢してもらう、あるいはより多く負担してもらうことである。公私の役割分担を明確にし、政府は安全網の整備に責任をもつ一方、中高所得者には自助努力してもらう。そうした改革に取り組まないかぎり、消費税をいくら増税しても問題は解決しない。今回の一体改革は、社会保障制度改革のほんの第一歩にすぎない。

失敗の本質

野党は政策立案に必要な情報を十分にはもたないので、政権をとった後にマニフェストと現実の乖離《かいり》に直面するのはやむをえない。また、政府はさまざまな制約のなかで政策を企画・立案・実施しており、当初考えていたように政策を実行できるとは限らない。

民主党政権の失敗の理由には、首相をはじめとする人の問題、制度の問題、経済環境などが複雑に絡んでおり、単純化は慎むべきだが、彼らの言う「政治主導」には、自分たちでなんでもできるという過信・驕り・思い上がりがあったのではないか。政治主導で予算を編成すれば、無駄な予算はいくらでも削減可能であり、何兆円もの予算を右から左へと動かせると思ったのである。予算の先にはその支出で恩恵を得ている国民がいるわけで、削減するには、それなりの説得と手順が必要になることに思いが至らなかったようだ。

驕りの裏返しで、政治主導を進めるための基盤や仕組みを細部にわたって制度設計し、粘り強く取り組むことを怠っていた。予算についていえば、改革の青写真は作ったものの、それを具体的に機能させることができないまま、早い段階であきらめてしまった。

マニフェストには、そもそも財源確保の実現可能性の点で大きな問題が内在していたが、カナダが財政再建に成功したように、予算編成のルールを変えることができれば、結果はもう少し違っていたかもしれない。概算要求基準（シーリング）は自民党政権時代のものだといって廃止したものの、それに代わる新しい予算編成のルールを真剣に考えなかった。

民主党は「非自民」が売りだったのに、結局、それを捨て、与党による事前審査制を復活させるなど、自民党と同じになってしまった。慎重な経済見通しを前提とする中期財政フレーム、税の控除から手当への転換、租税特別措置透明化法、行政事業レビューなど評価できる施策も多いが、財源の問題で批判され、それらの成果はかき消されてしまった。特に指摘しておきたいのは、政権幹部がマニフェスト不履行の理由として税収減などをあげ、嘘を言い続けていることであり（参・本会議二〇一一年七月二九日の菅首相の答弁、衆・予算委員会一一年一一月八日の野田首相の答弁、衆・社会保障と税の一体改革に関する特別委員会一二年五月二二日の安住財務大臣の答弁など多数）、事実を認めないことである。

二〇一二年末の衆院選で自公政権が復活したが、安倍政権が編成した一二年度の補正予算は旧来型そのものである。例年、政府予算の編成後に発表してきた中期財政見通しが、二〇一三年度予算では発表されなかった。消費増税による財政の立て直しへ踏み出した一方で、安倍政権では財政規律がゆるみ始めており、時計の針は戻りつつある。日本がただちにギリシャのように破綻するとは思えないが、財政のリスクは着実に高くなっている。民主党の蹉《さ》跌《てつ》から学ばず、単なる批判にとどまるのであれば、そのツケは国民自身に返ってくるだろう。

参考文献

高田英樹「国家戦略室の挑戦」二〇一二年 http://www.geocities.jp/weathercock8926/nationalpolicyunit.pdf
田中秀明『財政規律と予算制度改革』日本評論社、二〇一一年
田中秀明「社会保障と税の一体改革」一橋大学経済研究所世代間問題研究機構ディスカッション・ペーパー（CIS-PIE DP No.524）、二〇一一年九月
田中秀明『日本の財政』中公新書、二〇一三年
直嶋正行『次の、日本。』時事通信社、二〇一二年
松井孝治「政権交代における非連続と連続のバランスをどうとるか」『世界別冊　政治を立て直す』岩波書店、二〇一三年
薬師寺克行『証言　民主党政権』講談社、二〇一二年

第4章　外交・安保——理念追求から現実路線へ

神保　謙

「統治のための安保政策」の不在

民主党政権の三年三ヵ月を振り返るとき、鳩山由紀夫政権の発足から退陣までの九ヵ月間にわたる外交・安全保障政策の混迷は、民主党の政権担当能力に対する信頼を大きく傷つけた。つづく菅直人政権と野田佳彦政権は信頼の回復と日米関係の修復に努めたが、アジア外交では海洋進出を強める中国への対応に追われた。

本章では、理念の追求に挫折し、現実主義の再形成へと向かった民主党の外交・安全保障政策を検証する。最初に、三年三ヵ月を振り返ってみよう。

戦後史初の本格的な政権交代によって誕生した民主党政権は、外交・安全保障政策についても大胆な変革をめざすかに思えた。民主党は「新時代の日米同盟の確立」「アジア外交の強化と東アジア共同体の構築」「人間の安全保障の実現」といった政策公約を掲げ、自民党の現実主義路線に対抗し、リベラル国際主義の理念に基づく、新しい積極的な外交路線が生み出される期待も芽生えていた（例えば二〇〇五年五月発表の外交ビジョン『開かれた国益を目指して』〔岡田ビジョン〕に掲げられた外交路線の追求）。

しかし、実際に展開された政権初期の外交・安全保障政策は、自民党を批判する材料として動員された個別論点の集積という色彩を強く帯びていた。例えば、日米間の密約に対する調査の指示、インド洋に派遣されていた自衛隊艦艇の撤収、米軍再編と在日米軍基地のあり方の見直し、日米地位協定の改定の提起などは、自民党時代の対米政策の検証と見直しが主眼とされ、系統立てた政策で国際秩序へ働きかけるといった方向性とは無縁のものであった。

民主党の掲げた外交理念は、小泉・ブッシュ時代の日米同盟重視・イラク戦争への支持に象徴される「対米追従外交」を見直す姿勢として、党内に広く浸透していた。この姿勢こそが、その後繰り返し謳われた「対等な日米関係」の基盤となった。ここでいう「対等」とは、対米追従ではないという意味での消極的な対等性であり、日本が米国とともに国際秩序の形成に参画するという意味ではなかった。その結果として、民主党と連立政権には日米同盟の資産を削ることへの合意はあれど、他の積極的な外交政策を展開させる能力が欠けていた。

そのため外交政策のバランスシートは地滑りを起こし、マイナス面が先行することとなったのである。

こうした傾向は、自民党に対する批判を通して野党としてのまとまりを保ってきた民主党の、機会主義的な求心力の産物だった。民主党の構成員は保守からリベラルまで幅広く分布しており、さらに社民党、国民新党との連立政権として発足したために、自民党に対する批判（「NO」の力学）という共通項を拠り所にせざるをえなかったからである。仮に民主党が積極的な路線転換をしようとすれば、途端に政党の一体性や連立の条件が損なわれることになる。民主党が二〇〇九年の「マニフェスト」「政策集」において外交・安全保障政策の優先順位を下げ、構成員間の消極的合意にとどめようとした理由はここにある。

鳩山政権がわずか九ヵ月にして政権基盤を維持できなくなった最大の理由は、沖縄県の米海兵隊普天間基地の移設問題をめぐって迷走し、政権の支持率を大きく低下させたことにあった。この顚末《てんまつ》は、民主党政権が自らの外交・安全保障政策を「選挙の力学」から「統治の力学」へ転換できなかったことの証左でもある。すなわち、政権担当を前提として重厚な政策構想を練り、国際情勢を的確に把握し、日本の外交・安全保障の資産を駆使して実現可能性を検証し、官僚（外務省・防衛省）の専門性と国民の支持を重ね合わせた統治のための安全保障政策を生み出しえなかったことが、鳩山政権が短命に終わった直接の原因となったのである。

アジア・太平洋の転換期

一方で民主党政権が誕生した時期は、その八ヵ月前に誕生した米国のオバマ政権が新しいアジア重視路線を展開し、中国の台頭に伴いパワーバランスが変動するという、アジア・太平洋の地域秩序の転換期にさしかかっていた。とりわけ二〇一〇年は、台頭する中国と日本との本格的な邂逅《かいこう》の幕開けだった。中国の国内総生産（GDP）は日本を追い抜き、ついに世界第二位の経済規模となった。日本の貿易相手国（輸出入総額）は二〇〇七年から米国に代わって中国が一位となり、日中の経済的相互依存関係は分かちがたい高みに達していた。

しかし、民主党政権下の日中関係は、パンドラの箱を開けたかのごとく悪化の一途をたどった。二〇一〇年九月に発生した尖閣諸島沖の漁船衝突事件をめぐる日中双方の外交上のつば競り合いは、はからずも日中の危機管理体制が脆弱《ぜいじゃく》であること、また民主党の中国との外交パイプが稀薄であることを露呈した。そして二〇一二年九月の野田政権による「尖閣諸島国有化」の決定は、中国国内での激しい反日デモや日本企業に対する破壊行為など、日中関係のさらなる難局をもたらした。こうした尖閣諸島をめぐる二度の対立の結果、日中関係は制御困難なほど両国内の国民感情を高めることになり、日中両国民の互いに対する親近感は、一九七二年の国交正常化以来、最低水準となった。

アジア外交や中国との協調路線を重視した民主党政権下で、日中関係がここまで悪化したのは、国際政治の皮肉ともいえよう（このことは、仮に自民党政権であれば危機管理に成功し日中関係は安泰であった、ということを自動的に意味するものではない）。

危機の予兆を敏感に察知し、政策の選択肢を検討して比較考量したうえで、外交交渉と圧力を駆使し、政策決定によってもたらされる結果への対処を行う。こうした危機管理ガバナンスにおいて、民主党政権の対応は多くの問題点と課題を浮き彫りにした。そして二度の中国との対立を通して、東アジア共同体をはじめとする地域構想は、名実ともに日本外交の概念から消えることになったのである。

折しも米オバマ政権は、アジア・太平洋地域を重視する「リバランス（再均衡）」の一環として、オーストラリアや東南アジア諸国に対する外交・安全保障政策を強化する方針を打ち出した。中国は二〇一〇年から一一年にかけて、北朝鮮の挑発行動に対する制裁への反対や南シナ海における自らの挑発行動によって、周辺諸国との緊張関係を高めていた。米中関係は、ブッシュ政権後期に見られた戦略的な協調関係の模索が後退し、海洋安全保障や宇宙・サイバー領域などをめぐって双方が対立を深める局面を迎えていた。

このような新しいアジア・太平洋秩序の局面を、民主党政権（特に野田政権）は新たな外交展開の機会と捉えた。鳩山政権期に著しく不信感に覆われた日米関係は、野田政権期にはその基盤が回復した。米国のリバランス政策の焦点となったオーストラリアや東南アジア諸国との間でも、海洋安全保障を中心とした協力関係を深化させることができた。民主党政権後期の外交・安全保障政策は、現実主義路線へ回帰したと評価することができよう。

もっとも、民主党政権のほとんどの期間を通じて、衆参両院のねじれを解消することができず、政権基盤は一貫して脆弱な状態が続いた。自民党政権の末期から共通する現象とはいえ、各内閣の寿命が一年程度という現状では、外交政策を展開する基盤は弱体化せざるをえない。民主党政権後期に、日韓の安全保障協力〔特に軍事情報包括保護協定〔GSOMIA〕の交渉〕が頓挫《とんざ》し、さらに李明博《イミョンバク》大統領の竹島訪問が強行されたこと、ロシアとの平和条約交渉がほとんど進展せず、ロシアの北方領土への態度が硬化したことなど、日本外交を支える基盤の地盤沈下と短期政権との関係は否定できない。

これからは具体的な問題の検証に移る。まず普天間基地の移設問題、次いで尖閣諸島をめぐる漁船衝突事件、そして尖閣諸島の国有化という三つの視点を分析の対象とする。

1　普天間基地問題

止められなかった「最低でも県外」

政権発足前の民主党のマニフェストには、「米軍再編や在日米軍基地のあり方についても見直しの方向で臨む」と記述されていた。民主党政策調査会の筆頭副会長としてマニフェストの取りまとめ役だった細野豪志は、「沖縄の問題は非常に難しいということは分かっていた」と述懐する。在日米軍基地問題をめぐって「見直しの方向で臨む」と筆を入れた細野の真意は、「方向」「臨む」という二重のリスクヘッジをすることで、見直しを前提にして対米政策の手足を縛ることなく、フリーハンドで米国と交渉できる環境を保つことにあった。同時期に民主党きっての外交スペシャリストである長島昭久も、岡田克也幹事長など党執行部にあてたメモで、外交政策で極端な立場を定めることへ警鐘を鳴らしたという。その結果、マニフェストの文言は「何段階も曖昧に」なっていた。

細野のヘッジ戦略は、鳩山代表にも伝えられたはずだった。しかし、二〇〇九年七月一九日に沖縄県沖縄市で開催された集会で、鳩山は米海兵隊普天間基地の移設先は「最低でも県外、できることなら国外へ」と明言してしまう。この言葉は鳩山自身の発言パターンとして確立し、八月の選挙戦での党首討論でも同じ発言が繰り返されることとなった。

この発言が、首相就任後の迷走を自ら決定づけることになった。リスクヘッジに込めた思いがあえなく潰えた細野は、鳩山発言を防げなかったことについて、「執筆した私自身が直接伝えるべきだった」と後悔した。

県外移設と先送りの政治過程

二〇〇九年九月に発足した鳩山政権は、普天間基地の移設問題について自民党時代の合意を徹底的に検証する姿勢を明らかにした。また、鳩山首相の県外移設への意欲に伴い、辺野《への》古《こ》移設案以外の選択肢をめぐり、外務省・防衛省では再度の検討が指示された。他方で、政権へ向けた民主党、国民新党、社民党の連立協議において、社民党は連立政権合意書に「県外移設」を明記することを強く求めていた。しかし民主党の岡田幹事長は、「見直しの方向で臨む」というリスクヘッジの路線を連立合意書で継承することに成功した。

県外移設への思いを強める鳩山に対して、外相に就任した岡田と防衛相の北澤俊美は、普天間移設問題を外務省・防衛省で引き取り、「ちょっと距離を置いてください」と進言していた。しかし、国会答弁などで鳩山は県外移設の方針を繰り返し明言し、首相がリスクヘッジを打ち消す結果となった。

北澤は防衛省内の検討チームからの報告を踏まえ、早くから「普天間飛行場の移転先は沖縄県内以外にはない」と考えた閣僚だった（薬師寺克行『証言　民主党政権』）。岡田は辺野古案の決定過程を調べるなかで、嘉手納《かでな》空軍基地への統合案の可能性に強い関心を示していた。

しかしよく検証した結果、他に選択肢はなく、一二月初めには辺野古案に戻すしかないと結論づけた。また、防衛大臣政務官に就任した長島は、当初嘉手納統合案を進言していたが、名護《なご》市長選などの日程を踏まえて辺野古移設案さえ難しくなることを見越し、辺野古案を誠実に追求して、仮に辺野古案も実現不可能になった場合には他の案を真剣に検討すべきだ、という「二段階案」を提案していた。

外務省・防衛省を中心に辺野古案への回帰を模索していた一一月一三日に、オバマ大統領が来日した。日米首脳会談で日米同盟の深化をめざすことを合意しつつ、オバマは普天間基地移設問題の早期解決を鳩山に促した。このとき鳩山首相は「トラスト・ミー」という表現を用いて、問題解決に向けた自らのリーダーシップを約束した。

外務・防衛両省の検討結果とオバマからの早期解決要請が重なり、鳩山は関係閣僚間で年内に辺野古案への回帰をやむなしとする方向へ傾いていた。長島によると、実際に一二月四日には、首相が自ら辺野古案に回帰することを表明する「幻の記者会見」まで予定されていた。

しかしながら、ほどなくして鳩山は年内決着の判断を翻意し、翌年に先送りする方針を固める。一二月一四日の関係閣僚会議、一五日の与党三党党首会談で、普天間問題の決着を先送りし、翌年五月までに結論を出すことを確認した。

この「先送り」の背景にあったのは、連立維持の重要性であった。社民党は県外移設の方針を一一月に改めて確認し、辺野古案へ戻した場合には連立政権を離脱する姿勢を示唆していた。参院の過半数を連立与党で確保しておかないと、翌年一月から始まる通常国会で次年度予算の関連法案などを通すことが難しくなる。社民党が離脱すると過半数を失うため、少なくとも翌年五月までは連立政権内にとどめておく必要があった。さらに民主党内から、山岡賢次国対委員長を中心とする小沢グループが社民党の動きに理解を示し、連立優先を後押しした。鳩山はこうした圧力に抗することもなかったという。

日本政府が先送りを発表すると、ヒラリー・クリントン国務長官は駐米大使・藤崎一郎を呼び出して不満を示し、辺野古案へ回帰する必要性を伝えた。また国家安全保障会議（NSC）でアジア上級部長を務めたジェフリー・ベーダーが回顧するように、年内決着の回避は、「トラスト・ミー」と約束したオバマ大統領を苛立たせた（Jeffrey A. Bader, *Obama and China's Rise*）。米国政府の、鳩山政権に対する不信感を決定づけた瞬間だったといえるであろう。

なお、外相だった岡田は、いささか異なる受け止め方をしている。重要法案が成立するまでは連立維持のため辺野古案に戻すことはできないが、五月まで代替案を検討しても良い案がない場合には戻すことを約束する、と日本国政府の見解として米側に伝えていた。鳩山も了解済みだったという。

この先送り以降、外務省・防衛省は移設検討の第一線から退き、代わりに平野博文《ひろふみ》官房長官を中心とする検討チームが主導する異例の体制となる。外務・防衛両省が日米関係の命運を決する問題への関与を制限され、悪くいえばアマチュアリズムによって導かれた官邸チームへ委任したことは、外交・安全保障の重要問題を著しく無責任な体制下に置くことになった。結果として、二〇一〇年初頭から五月にかけて鳩山政権は普天間問題で迷走し、政権基盤を弱体化させていくことになったのである。

官邸主導の挫折、鳩山退陣

二〇一〇年が明けてからの首相官邸は、普天間基地の移設先探しに多くのエネルギーを割かざるをえなかった。辺野古移設案以外の選択肢について、沖縄県内のキャンプ・シュワブ陸上案、ホワイトビーチ（勝連《かつれん》沖）案、嘉手納統合案、県外への暫定移設案、国外（グアム・サイパン・テニアン）案など、さまざまな代替案が報道され、議論が巻き起こった。外務省・防衛省の正規ルートでの交渉が制約されるなかで、官邸や民主党の外交担当者、鳩山の私的アドバイザーなどが次々と訪米し、日米間の交渉ラインには混乱が生じていた。

しかし、米国の立場は一貫して辺野古案の履行という一点で揺るがなかった。乱立した代替案は、一九九六年の橋本龍太郎・クリントン首脳会談での普天間基地返還合意から、長い年月をかけて検討され、否定されてきたものばかりだった。米政府は日本政府の混乱に満ちた検討作業を静観し、代替案にコメントしたり、強い不満を表明したりすることを、できるだけ避けるようになった。

官邸が平野官房長官に対応を一元化させたことについては、徳之島《とくのしま》案を含めた独自のルートへの自信が背景にあった。三月に入るとキャンプ・シュワブ陸上案、ホワイトビーチ案、徳之島案へと選択肢がしぼられていき、これらを組み合わせて実現できないか、検討が進められた。しかし、徳之島へ海兵隊のヘリ部隊を移駐すれば、海兵隊の戦闘部隊との一体運用が不可能になると判断されていた。また、辺野古陸上案ではヘリ部隊の離着陸に問題が生じ、埋め立てを回避するため検討された「くい打ち桟橋《さんばし》方式」による滑走路の建設も、テロ攻撃への脆弱性から排除されていくこととなった。

こうしたなかで、沖縄の政治情勢は厳しさを増していった。辺野古を抱える名護市の市長選では二〇一〇年一月二四日、辺野古移設反対を公約した稲嶺《いなみね》進が当選した。また徳之島を含めて移設候補として名前のあがった地域では、公式・非公式の打診もままならない段階でメディアによる報道が先行し、混乱に拍車をかけた。当然のごとく、沖縄県内各地で鳩山政権に対する批判が強まり、県外移設に向けた要求はさらに高まっていった。鳩山政権の混乱は、県内移設の反対派を勢いづかせたばかりでなく、辺野古案の実現に向けて尽力していた沖縄県の個人・団体・業界の影響力を大きく削いでしまうこととなった。

二〇一〇年五月になると、代替地への移設はことごとく不可能であることが明らかになった。県外移設は断念するしかない、との決断を鳩山も回避することはできなかった。鳩山は五月四日に沖縄県を訪問し、仲井眞弘多《なかいまひろかず》知事と会談して県内移設の方針を伝えた。このとき、鳩山は「学べば学ぶにつけ（沖縄の米軍部隊が）すべて連携し、抑止力が維持できるという思いに至った」という言葉を記者団に残している。

五月二八日に日米安全保障協議委員会（外務・防衛相同士の協議）が開催され、自民党政権時の米軍再編についての日米合意（ロードマップ）を「着実に実施する決意を確認」し、普天間飛行場の代替施設を「キャンプ・シュワブ辺野古崎地区及びこれに隣接する水域に設置する意図を確認」した。鳩山首相は、この合意からわずか五日後の六月二日に、民主党両院議員総会において、首相および党代表を辞任することを表明した。

過誤を生んだ四つの理由

普天間基地の移設問題は、鳩山政権の最大のネックとなって、政権の基盤をむしばんでいった。そしてこの政策目標は実現しなかったばかりでなく、日米関係の信頼を損なわせ、沖縄県の米軍基地をめぐる対立の構図と政府への不信を再燃させ、また日本外交に対する国内外の期待値を大きく下落させた。日本外交にとってあまりにも大きな代償だった。民主党政権がなぜこのような過誤を発生させてしまったのか、いくつかの論点を提示したい。

第一は、政権移行過程で「統治モード」へ転換できなかった点である。戦後ずっと自民党による事実上の一党支配が継続したことは、各領域に既得権益を発生させ、外交・安全保障もまた例外ではなかった。高い専門性が要求される外交・安全保障の機微にかかわる問題については、与党と政府関係者の一部が情報を独占していた。相手国との関係で継続性が期待される外交では、一般に与野党による超党派の合意を必要とする領域が大きい。しかし、政権交代の可能性が低かった日本では超党派の合意の必要性が乏しく、専門的知見の共有は限られていた。

第二は、国内政治と外交政策の優先順位である。仮に鳩山政権が二〇〇九年末に辺野古案への回帰を表明していれば、翌年の混乱は回避できただろう。社民党が連立政権から離脱し、参議院での予算関連法案の成立には苦労しただろうが、離脱後の社民党に対して、普天間問題以外では政権に協力してくれるよう説得する手もあったろう。辺野古案回帰から二ヵ月後の参院選で敗北し、衆参両院のねじれが恒常化したことを考えれば、社民党の政権離脱は乗り切る方法もあったはずだ。移設問題の失敗が政権を危機にさらすことと、政権運営のコストが上昇することが、もう少し冷静に考えられるべきであった。

第三は、政治主導と政官関係を含めた外交ガバナンスの問題である。民主党政権下で進められた政治主導は、しばしば官僚の排除に傾いた。もっとも、外務省と防衛省に関しては、他省庁に比べて政・官の対立がめだたなかったといわれている。しかし問題は、二〇一〇年初頭に移設問題の主導権が官邸・官房長官に移って以降、外務省・防衛省の専門的知見の提供が制約され、アマチュアリズムに主導された五ヵ月間が経過したことであった。

第四は、鳩山を中心に、民主党議員の多くに見られる現実感の薄い自立願望である。鳩山首相は辞任を表明した両院議員総会での演説で、「つまるところ日本の平和、日本人自身でつくりあげていくときを、いつかは求めなきゃならないと思っています。アメリカに依存し続ける安全保障をこれから五〇年、一〇〇年続けていいとは思いません」と訴えた。外国駐留部隊やその施設・区域の存在を取り除くことは、独立国家の追求すべき目標であるとの観念は理解できる。しかし、日本を取り巻く国際情勢と安全保障環境を総合的に考えたうえで、どのような安全保障体制が望ましいのかというグランドデザインなしに、やみくもに自立を志向した代償は大きかった。

2　漁船衝突事件

衝突から船長勾留まで

二〇一〇年九月七日、沖縄県・尖閣諸島沖で海上保安庁第十一管区海上保安本部の巡視船「みずき」が、領海内で操業していた中国籍の漁船に退去命令を出したところ、漁船は命令を無視し、追跡中だった巡視船「よなくに」と「みずき」に体当たりするという事件が発生した。巡視船は、漁船に強制接舷し停止させて海上保安官が乗り込み、公務執行妨害で漁船の船長と船員の身柄を拘束した。翌八日未明に船長に逮捕状を執行し、船員とともに石垣島に回航し、取り調べを開始した。

海上保安庁を所管する国土交通相であった前原誠司は、事件の悪質性から「逮捕に相当する事案」であることを官邸に伝え、ドイツを訪問中だった外相の岡田も、「事件の状況から見て、船長を逮捕しないという選択肢はない」という意見を伝えた。

海上保安庁が前年二月の自民党・麻生政権時に準備したマニュアルでは、外国船舶が領海内で違法操業や目的なく徘徊《はいかい》をしている疑いがある場合、漁業法に基づき停船を命令して立入検査の実施を求め、違反していた場合は該当する法律を根拠に、逃走した場合は漁業法違反（立入検査忌避罪）によって逮捕することになっていた。しかし、この第十一管区に関する取締りには内規があり、こうした逮捕を自動的には行わず、領海外への退去命令にとどめてきた経緯があった。今回の事案は、漁船が二度にわたり故意に衝突するという危険な行為に及んだため、この内規に照らしても逮捕相当という判断がなされた。前原は、「中国側に対して日本側の意思を示さなければ、これからはぶつけても大丈夫なんだということになってしまう」と判断理由を述べている。

この問題を官房長官として官邸で取り仕切った仙谷由人によれば、海上保安庁にはこの種の事件で逮捕した経験がなく、逮捕後の法的手続きの進め方についてもよく理解していなかった。また、送検など事後処理の仕方について、官邸などと共有されたマニュアルが存在していなかった。自民党・小泉政権時代の二〇〇四年三月に中国人七人が尖閣諸島の魚釣島《うおつりしま》に上陸した事件では、沖縄県警が逮捕したものの、送検を見送ったうえで入国管理局を経由して強制送還するという政治判断を下していた。しかし、二〇一〇年の逮捕理由は入管難民法違反ではなく公務執行妨害だったので、その後の刑事手続きが必要とされた。

中国の外交圧力

沖縄県石垣島で送検された中国人船長は、中国大使館員の接見を受け、その後は供述調書を含む一切の公式書類への署名を拒むようになった。仮に容疑者が罪状を認めれば、略式起訴による早期釈放という選択肢が残されていたが、中国側からすれば、船長が罪状を認めると尖閣諸島沖における日本の法執行を認めたことになり、日本の主権・施政権下の法に服したことを意味する。

容疑者が罪状を否認した場合、日本の法体系に即せば勾留《こうりゅう》期間の長期化が避けられなくなる。那覇簡易裁判所は九月一〇日と一九日にそれぞれ一〇日間の勾留延長を決定した。なお、参考人として事情聴取をしていた船員一四名については、九月一三日に中国の用意したチャーター機で帰国させ、差し押さえていた漁船も中国に返還している。

中国政府はこの過程で、日本に対する不信と反発を急速に高めていった。事件発生から北京の丹羽宇一郎《にわういちろう》大使は頻繁に中国政府幹部の呼び出しを受け、船長の即時解放の要請を受けた。一九日の勾留延長後には対抗措置が厳しさを増し、日本との閣僚級の往来中止、航空路線増便に関する交渉中止などを決定し、数多くの文化交流に関する行事も相次いで中止ないし延期された。さらに日本政府に衝撃を与えたのは、二〇日に河北省石家荘市《かほくせっかそう》で日本の準大手ゼネコン、フジタの社員四名が「軍事管理区域を撮影した」容疑で勾留されたこと、そして翌日に日本向けレアアースの輸出が差し止められたことだった。

こうした中国の外交圧力が波状的に押し寄せ、事態は深刻さを増していった。このまま勾留期限を迎えて起訴をした場合、日中関係にどのような影響があったか。船長の身柄を拘束したまま起訴し、判決までに数ヵ月かかった場合、日中関係には不測の事態さえ生じかねない状態だった。

船長釈放の背景

日中間の緊張が高まるなか、九月二四日に那覇地方検察庁は「日本国民への影響や今後の日中関係を考慮すると、これ以上の身柄の拘束を続けるのは相当ではない」という事由により、中国人船長を処分保留のまま釈放することを決定した。船長は国外退去処分となり、中国が用意したチャーター機に乗って帰国した。

この那覇地検の判断について、日本国内では異なる文脈から厳しい批判が渦巻いた。第一は、中国の対抗措置を受けて船長を釈放したのは圧力に屈した外交であるという批判、第二は、政治的介入によって釈放が決まったのは明らかなのに、那覇地検の一検事の判断に責任を負わせたという批判だった。海外の反応もさまざまであった。日中が緊張のエスカレーションを避けたことを賞賛する一方で、日本の対応は中国の海洋進出に対する屈服であるといった論調も見られた。

こうした日本国内外の反応を一身に背負うことになった仙谷は、法律家・弁護士としての矜持《きょうじ》から、「法治国家として、司法手続きへ進んだものは司法手続きで決着をつけなければならない、と徹頭徹尾思っていた」と振り返った。

ただしこれは、司法手続きに官邸や外交当局がまったく政治的に関与しなかったということを意味しない。例えば、九月二三日には那覇地検が外務省の意見を聴取するため、外務省幹部から説明を受けている。次いで、二四日の最高検察庁と那覇地検、福岡高等検察庁による協議で、処分保留のうえ釈放するという方針を決定した。那覇地検の「日中関係を考慮」は、このような経過を受けて示されたのである。民主党政権は、尖閣諸島における日本の法執行の原則を保持し、司法権の独立を守り、かつ日中関係悪化のエスカレーションを制御するという複雑な方程式を、この判断によって解こうと試みたのだ。

関係悪化の三要因

二〇一〇年九月の尖閣諸島沖での中国漁船衝突事件は、日中関係の構図を大きく揺るがせた。一九七〇年代に鄧小平《とうしょうへい》が尖閣諸島（中国名・釣魚島）に関しては「次世代の知恵に委ねよう」と語ったとき、その発言の背景にあったのは、「この問題は話がまとまらない」という判断であったという。だからこそ日中両国は、長年にわたり尖閣諸島に関して慎重に政治問題化を避けるという暗黙知の共有を互いに期待してきたのかもしれない。しかし、二〇一

○年以降の尖閣諸島をめぐる日中のあからさまな外交対立から、日中関係は関係改善の機運を失ったまま、漂流を続けている。何が日中関係をここまで悪化させたのか、そして民主党政権の外交対応はどのように評価すべきであろうか。

第一に、漁船衝突事件の発生から船長の逮捕・勾留延長に至る七二時間での政治判断の問題がある。自民党・小泉政権時代に不法上陸をした中国人を送検前に強制送還した事例は、同じ法執行でも短期間に事態を収拾し、中国側に反発の時間的猶予を与えないという意味では、効果を発揮していた。しかし、今回はより悪質な公務執行妨害であり、小泉政権モデルによる強制送還はむしろ日本国内の強い反発を招きかねなかった。とはいえ、仙谷が述懐するように、逮捕後の送検・司法手続きをどのように進め、その場合に想定される危機にいかなる対応をすべきか、という準備は日本政府にはなかった。

第二に、中国側の連鎖的な対抗措置とそのエスカレーションをめぐる問題がある。中国がフジタ社員を勾留し、レアアースの輸出を停止した時点で、日本側が釈放に踏み切ったという構図は、中国政府から見れば、日本側がどの程度の圧力で屈するかを測る指標となったことは想像に難くない。これは中国側には、恫喝によって日本側の妥協を生み出した外交的勝利として記憶されることになる。これが日中の緊張を制御するモデルになるとすれば、中国は日本に厳しい緊張を強いることによって妥協させる戦術を強めていく可能性が高い。

第三に、日中の外交交渉をめぐる問題がある。当時の民主党政権には、中国の有力指導者との政治的パイプが著しく欠落していた。二〇〇九年一二月に一四三名の国会議員団を率いて訪中した小沢一郎は、そのなかで唯一の可能性をもっていたが、翌年六月に鳩山首相の辞任とともに幹事長を辞任し、さらには政治資金規正法違反の嫌疑のなかで党と政府から距離を置いた時期と重なり、影響力を発揮することはできなかった。

船長釈放後の九月二九日、幹事長代理を辞めて無役だった細野豪志が密使として訪中した。仙谷が要請したものだった。細野は北京で戴秉国《たいへいこく》国務委員（外交担当）らと会談し、日中間の緊張緩和に向けた条件について話し合ったといわれている。報道などでは、戴秉国は漁船衝突の際のビデオを公開しないこと、仲井眞沖縄県知事を含む公人を尖閣諸島へ上陸させないことなどを要求したとされている。しかし細野氏の訪中は「個人的なもの」とされ、政府関係者はその公的位置づけを一様に否定している。日中関係をどのように打開するか、その際にいかなる合意によって互いの妥協を図るかは、この時点ではきわめてインフォーマルな交渉ラインに頼らざるをえなかった。そして、中国側の要求が報道どおりだとして、巡視船乗組員が撮影した漁船衝突のビデオは、庁内の情報システムを通じてビデオを見た保安庁職員が、ネットカフェから密かに動画サイトYouTubeへ投稿するという前代未聞の情報漏洩によって、突然、一般に公開されることになってしまった。こうした事態の推移も、日中の政治的パイプの脆弱性を裏書きすることになった。

3 尖閣「国有化」

石原都知事の尖閣諸島購入発言

二〇一二年四月一六日に石原慎太郎東京都知事は、米国ワシントンDCにあるヘリテージ財団における講演で、「東京都は尖閣諸島を購入することにしました」と唐突に宣言した。石原はかねてより尖閣諸島への日本政府の実効支配の強化を唱えてきたが、ワシントンで購入計画を披瀝《ひれき》した背景には、私有地であった尖閣諸島三島（魚釣島、北小島《きたこじま》、南小島《みなみこじま》）の地権者である栗原國起《くにおき》との交渉がにわかに進み始めたことがあった。

二〇一〇年九月の尖閣諸島沖の漁船衝突事件を契機に、高齢の地権者が島の売却の可能性を示唆したときから、石原は半年にわたって何度も交渉を重ねてきた。地権者からの決定的な言質はとれていなかったものの、自らに交渉権があると自信を深めていた。これを受け、東京都副知事だった猪瀬直樹は、東京都尖閣諸島寄附金を発案して購入資金を幅広く全国から集め、その規模は一四億円を超えるまでに拡大した。

首相補佐官であった長島昭久によれば、石原発言の直後から、政府内では尖閣諸島をめぐる方針が断続的に協議された。その中心は、野田首相、藤村修官房長官、玄葉光一郎外相、長浜博行官房副長官、長島の五名であった。そして、尖閣国有化までの政治過程は、首相官邸、外務省、東京都、地権者、中国外交部、中国政治指導部の六つのアクターが織りなすダイナミズムであった。このうち、長島は主として都知事との連絡、長浜は地権者との交渉を担っていた。

石原都知事の発言から約一ヵ月後の五月一八日、野田は官邸での会議で、国有化への検討を加速させるように指示をする。これを受けて長浜は地権者との交渉に入り、地道な説得を続けた。そして、東京都が概算した不動産価格約一五億円を上回る、二〇億円という金額を独自の土地価格算定によって提示し、同時に内閣予備費によって購入資金を準備したのである。

中国との水面下の交渉

官邸と外務省は、尖閣諸島を国有化した際に想定される中国との関係の変化について、周到なシミュレーションを始めていた。まず前提として共有されたのは、東京都が購入した場合の悪影響であった。石原は尖閣諸島に港湾施設や船だまりを建設して、実効支配を強化すると宣言していた。石原の「国士」としての煽動的発言や行動が、緊張のエスカレーションを招くことが十分に想定された。予想されるエスカレーションに対応しなければならないのは、海上保安庁そして自衛隊であり、政府が責任を負わなければならないのは明らかだった。東京都による購入を阻止しなければならない、そして「平穏かつ安定的な維持・管理」をめざすという方針が、徐々に官邸内に浸透していったのである。

長島と外務省は、中国大使館および中国外交部と、水面下で「かなり詰めた」接触を始めていた。中国側と共有しようとした論理は、「東京都が購入するよりも国有化したほうが得策」であり、国有化は所有権の移転にとどまり、現状を決して変更するものではなく、むしろ現状を維持することにつながる、という内容だった。

中国側が国有化についてどのような態度を日本に表明していたのかについては、現在でも十分には明らかになっていない。しかし、関係者の証言から明らかになったのは、そこには日中間のボタンの掛け違いが生じていた可能性が高いことである。

外務省の佐々江賢一郎事務次官は、戴秉国国務委員と外交部筆頭副部長（次官）らに働きかけ、尖閣諸島国有化に向けた政治環境の整備に努めていた。また長島首相補佐官も在京中国大使館との連絡を通じて、国有化に向けたシグナルを送り続けていた。

こうしたなかで、時事通信社は八月二八日配信記事において、「対日問題を担当する複数の中国政府筋」の話として、中国政府が日本政府に対して、尖閣諸島に「①上陸させない、

②（資源・環境）調査をしない、③開発しない（建造物を造らない）の三条件を策定し、現状維持を求めていく方針を内部決定した」と報じた。また同筋が、「国有化したとしても現状を維持してほしい」と考えており、「野田政権が表明している国有化を事実上黙認する一定の柔軟姿勢も示唆」したと伝えた。中国筋のこれらの証言がどの程度中国政府を代表するものかは不確かなものの、少なくとも八月末の時点で、中国政府の対日筋でも尖閣諸島国有化に対する落としどころを模索していたことがうかがえる内容となっていた。

こうした内容は、同月に生じた日中のやりとりからも推測することができる。八月一五日に、香港の団体「保釣《ほちょう》行動委員会」の活動家が尖閣諸島に上陸した。沖縄県警と海上保安庁は、上陸した七名を含む一四名をただちに入管難民法違反容疑で現行犯逮捕したうえで、その二日後に香港へ強制送還することで事態を決着させた。日本政府関係者はこのときの対応について、二年前の漁船衝突事件の教訓を活かした早期の決着方法であり、中国政府とも阿《あ》吽《うん》の呼吸が整っていたとする。また東京都が尖閣諸島購入のため政府に求めていた上陸申請について、八月二七日には藤村官房長官が許可しないことを発表している。不承不承にせよ、日本政府の尖閣諸島国有化を認めるという「容認論」が中国政府内に醸成されている、との楽観的な認識も日本政府内では共有され始めていた。

尖閣諸島国有化の決断

しかしながら、こうした「容認論」への期待は、あえなく打ち消されることになる。九月九日にロシアのウラジオストクで開催されたアジア太平洋経済協力会議（APEC）の首脳会議において、野田首相と胡錦濤《こきんとう》国家主席は立ち話をする機会があった。野田は胡錦濤に歩み寄り、二日前に中国雲南省で発生した地震への見舞いを述べた。その言葉に応えることなく胡錦濤は、野田政権が伝えていた国有化の方針について「すべて不法で無効だ。断固反対する」と強い口調で迫った。中国最高指導者からの反対論の提起は、官邸・外務省が水面下で続けていた静かな交渉と「平穏かつ安定的な維持・管理」という論理が、中国指導部に撥《は》ね返されていたことを示唆している。かくして、国有化で中国との激しい対立は避けられない、という認識に立ち戻らざるをえないこととなった。

しかし、野田は国有化という自らの意思決定について、自身の信条でもある「ぶれない」腹を固めていた。APECでの激しいやりとりがあった翌日の一〇日、政府は関係閣僚会議を開き、魚釣島、北小島、南小島の三島の購入・国有化を決定した。そして翌一一日には、所有権の移転登記を完了した。野田は「所有者も揺れ動いていたので、決めにかかるときは決めないと」と、このときの決断について語っている。

案の定、国有化は中国の猛烈な反発を引き起こすこととなった。温家宝《おんかほう》首相は九月一〇日の講演で、「中国政府と国民は、主権と領土の問題で半歩たりとも譲らない」と声を荒らげた。中国中央電子台をはじめとするテレビや新聞・ウェブサイトでの報道は、連日にわたり日本の尖閣国有化への反対論を煽動していた。これに呼応して、中国大陸の各地で反日デモが発生し、その一部は暴徒化して日系企業の工場やスーパーなどに対する破壊・放火・略奪行為に走った。またいくつかの都市では、日本人が暴行を受ける事件も発生した。さらに、これを契機に、中国国家海洋局所属の海洋監視船「海監」および中国農業部漁業局所属の漁業監視船「漁政」が、尖閣諸島付近での活動を活発化させ、領海侵犯も恒常的に行われるようになった。

残された課題

尖閣諸島国有化をめぐる政治過程は、一九七二年以来の日中関係の構造的な変化を示した。尖閣諸島に関しては政治問題化を慎重に避けるという暗黙知は、世代を隔てた指導者への交代と、日中の国力変化のダイナミクスのなかで、徐々にその有効性を失っていった。中国の漁船や海上法執行機関は尖閣諸島付近での活動を活発化させ、また人民解放軍も日本の南西諸島近海での行動を増大させるなど、日本にとって看過できない状況が醸成されていた。政治問題化を回避してこれを静観すれば、尖閣諸島での中国のプレゼンスの既成事実化がさらに進められていくことを意味していた。

一方、中国側の論理から見れば、漁船衝突事件で日本側が法執行して船長を逮捕したことは「強硬な一歩」を踏み出したことを意味し、また国有化は重大な現状変更であると解釈された（もっとも中国は一九九二年の領海法の制定によって、先んじて尖閣諸島を領土として認定する現状変更を実施しているが）。そして、主権にかかわる問題が両国民の前にさらされ焦点となって、両政府が妥協を図ることは著しく困難な状況となった。

こうした状況になるのではないかと懸念を深めていたのは、同盟国である米国であった。カート・キャンベル国務次官補（東アジア・太平洋担当）は、尖閣国有化の方針を固めた日本政府に対して、「中国側から見て、『現状の変更』と映るようなことは避ける道がないのか」と提案していた（『日本経済新聞』二〇一三年七月一六日付）。国有化は日本側から引き金を引くことになるとの見方が背景にある。

もしも尖閣諸島で武力衝突が起きた場合には、日米安全保障条約第五条が適用されるとの判断を米国は何度も確認している。ただしこのことは、米国が尖閣諸島をめぐる政治対立で無条件に日本を支持することを意味していない。米国は一九七二年の沖縄返還に伴い、尖閣諸島の施政権が日本に渡されたと確認するが、領土をめぐる他国の主権問題については原則として特定の立場をとらない、という姿勢を堅持している。尖閣諸島での「有事の関与」と

「平時の不干渉」ともとれる米国の立場を考えれば、日本側が「引き金を引く」ことに米国の支持を得られる余地は少なかった。

キャンベルは日本政府関係者に対して、国有化問題で「中国とのコミュニケーションライン」を確保する必要性を伝えていた。しかし「日本は中国側の理解を得たと思っていたが、日本が思うほど、それは成功していたと自分は思わない」と述懐している（前記日経）。日本側の対中交渉をめぐる判断について、米政府が信頼をなくしたことは想像に難くない。

日本政府は何を読み違えたのだろうか。尖閣国有化の政治過程において、中国政府と何を合意できて、何を合意できなかったのか。そして、危機を回避したり緩和したりする可能性はなかったのか。これらは日中関係を管理し、危機を制御するうえで不可欠の課題である。

日本政府が国有化を先延ばしするという判断はありえたかもしれない。少なくとも八月末から九月初旬までには、中国政府の「不承不承の受け入れ」という筋書きは成立しえない見込みであることを、官邸・外務省は把握していた節がある。しかしながら、国有化の方針を固めていた野田首相に対して、修正を促すには至らなかった。また、国有化直前に派遣された山口壮《つよし》外務副大臣が戴秉国国務委員と会談した際に、中国側から厳しい方針を伝えられたものの、日本側が先送りをするかもしれないという推測を中国側にもたせ、それが双方の誤解をもたらした可能性も否定できない（春原剛『暗闘　尖閣国有化』）。こうした点は、対中外交をめぐる危機管理ガバナンスに、大きな課題を残したといってよい。

4　異なる二つの潮流

民主党政権の三年三ヵ月の外交・安全保障政策を振り返ると、異なる二つの潮流があることに気づく。一つは、自民党時代の外交を批判しリベラルな理念から政策を転換する「刷新性」（佐橋亮「民主党外交と政治主導の失敗」）であり、もう一つの潮流は、現実主義の立場から再構成する試みである。前者は鳩山政権が、そして後者は菅および野田政権がそれぞれを代表していた。

理念追求の挫折

政権初期の理念はなぜ潰えていったのであろうか。例えば「東アジア共同体」という概念自体は、東アジアの地域統合の進展を象徴する言葉として、自民党政権時代から使用されてきた。一九九七年に設立されたASEAN（東南アジア諸国連合）プラス日中韓関連の会合や、二〇〇五年に設立された東アジア首脳会議を通じて、東アジアでの協力は貿易投資、金融、非伝統的安全保障、環境、観光などの諸分野において、すでに深化していた。

鳩山政権の過誤は、この東アジア共同体構想を離米・自立志向と連動させたことにあった。

岡田外相が東アジア共同体構想に米国を含まないことをあえて言明したことも、米国の不信感を強めた。二〇一〇年に米国がロシアとともに東アジア首脳会議の正規参加国となったことを考えれば、「東アジア」という概念に対する理解が単純化されすぎた。

現実主義の再構成

民主党政権初期の外交・安全保障政策には明らかな失策がめだっていたが、菅政権、野田政権に移行し、徐々に安定感を取り戻していった。そして、以下に掲げる項目は自民党時代に比較しても目覚ましい成果をあげたといえる。

第一は、二〇一〇年一二月の防衛計画の大綱の見直しである。アジア太平洋地域の安全保障環境の変化と中国の台頭を見据えて「動的防衛力」という概念を導入し、南西方面の警戒監視活動を切れ目なく実施する方向を打ち出した。日米同盟の重要性と米軍再編の着実な実施を支持し、アジア太平洋地域諸国と安全保障協力を推進することも謳っている。

第二は、武器輸出三原則の緩和に踏み切ったことである。二〇一一年一二月二七日の藤村官房長官談話で、平和貢献・国際協力に伴う案件は、防衛装備品の海外移転を可能とする新方針を打ち出した。これで米国、NATO（北大西洋条約機構）加盟諸国やオーストラリアなどとの国際共同開発が可能となり、また東南アジア諸国などへの能力構築支援の基盤も整えることができた。

第三は、海洋安全保障の積極化である。野田首相は二〇一一年一一月の東アジア首脳会議で、東シナ海・南シナ海の航行の安全や信頼醸成などを話し合う「東アジア海洋フォーラム」の設立を提唱した。この提案は中国政府の批判を受けて先送りされたが、二〇一二年のASEAN海洋フォーラム（AMF）の機会に、ASEANは東アジア首脳会議参加国を交えて拡大フォーラムを開催した。ここでは領有権をめぐる問題を直接討議することは慎重に避けられているものの、日本のイニシアティブで東シナ海と南シナ海の問題をリンクさせ、共通の討議の場を設置したことは高く評価されてよいだろう。

こうしたイニシアティブは、民主党政権の「現実主義への再回帰」を意味していた。この路線により安全保障の実務性へのリアリズムが生み出され、自民党を含む超党派で話し合える場面が増えていった。日本の外交・安全保障に活力が回復したのは、外交・安全保障政策に関する専門性が担保され、政策目標が適切に設定され、関係諸国との調整を進め、党内や野党との合意を丁寧に形成したことによるところが大きい。換言すれば、初期の民主党政権にはこうした基礎ができていなかった。民主党政権の三年三ヵ月は、外交・安全保障政策を基礎づけるガバナンスの重要性を、改めて提起した期間だったのである。

参考文献

佐橋亮「民主党外交と政治主導の失敗」『季刊　政策・経営研究』二〇一三年第一号、三菱ＵＦＪリサーチ＆コンサルティング
春原剛『暗闘　尖閣国有化』新潮社、二〇一三年
薬師寺克行『証言　民主党政権』電子版、講談社、二〇一二年
Jeffrey A. Bader, *Obama and China's Rise: An Insider's Account of America's Asia Strategy*, Washington DC: Brookings Institution Press, 2012.

第5章　子ども手当——チルドレン・ファーストの蹉跌

萩原久美子

子ども手当は「チルドレン・ファースト」を掲げる二〇〇九年衆院選マニフェストの看板政策だった。高齢者に偏ってきた社会保障給付の構造を変え、子どもを対象にした社会保障を大胆に組み込んでいく。その子ども手当の予算規模は、マニフェストの工程表に従えば、一年目は半額実施の月額一万三〇〇〇円としても総額二・七兆円。二年目以降の完全実施であれば、五・五兆円。実現するには、年間の防衛費にも匹敵する予算の組み替えを、政治主導で断行する必要があった。

二〇〇七年参院選での民主党の勝利、〇九年衆院選での政権奪取。そこで掲げられたマニフェストの象徴は、それゆえに野党にとっては政権交代の意味と民主党の政策を否定するための攻撃目標となり、子ども手当は迷走を始めた。

子ども手当とはいったい何だったのだろうか。「バラマキ」だったのか、それとも社会変革をもたらす政策だったのか。民主党の政策過程にどんな問題が内在しており、それが子ども手当をどのように変容させていったのだろうか。「チルドレン・ファースト」という政策パッケージの中での「子ども手当」の位置づけを確認しながら、政権交代の意味と、そこで失われたものを考えたい。

1 「子ども手当」という社会構想

「社会で育てる」へ転換めざす

保護者の所得にも、子どもの出生順位にも関係なく、中学卒業までの子ども一人につき月額二万六〇〇〇円を支給する――。これが民主党の子ども手当構想の最も手っ取り早い説明だろう。では、「子ども手当」はどんな経緯で浮上してきたのだろうか。その理念とはどんなものであり、その実現はどういう意味をもっていたのだろうか。まず、公約やマニフェストをたどりながら「子ども手当」という構想を確認しておこう。

民主党は結党後の早い段階から「児童手当」の大幅な拡充を主張していた。野党時代の一九九九年に提出した子育て支援手当法案では、当時三歳未満の子どもをもつ世帯を対象にしていた児童手当を一八歳未満までに広げ、給付額を第一子・第二子に毎月一万円、第三子以降に毎月二万円と、それぞれ倍増させることを盛り込んでいた。しかし、この段階では所得制限の撤廃は主張しておらず、サラリーマン世帯の場合、年収一二〇〇万円以下程度まで所得制限を引き上げる大幅な緩和にとどまっていた。

重要なのはその際、年少扶養控除の廃止と所得減税という所得税法の改正をセットで出しており、後のマニフェストに登場する「控除から手当へ」の原型が見られることだ。また手当拡充の必要性についても、二〇〇一年の参院選公約には「次代を担う子どもを産み育てている家庭のさまざまな負担は、もっぱら個人の責任に帰せられるべきものではなく、社会全体でこれを分かち合い、支援すべきです」という理念が記されている。

これらを源流として、岡田克也代表のもとで作成された二〇〇五年衆院選マニフェストで「子ども手当」構想の全体像が示された。そのときの給付額は月額一万六〇〇〇円（必要な予算三兆円）。財源は、所得税の配偶者控除と配偶者特別控除、扶養控除（老親控除以外）を廃止して捻出するとしていた。給付額の一万六〇〇〇円は、控除を廃止して得られる財源を子どもの数で割る、という方法で算出された。支給対象は「所得水準にかかわらず、義務教育終了年齢まで」となっていた。

その後、二〇〇七年一月二九日の衆院本会議の代表質問で、小沢一郎代表が「六兆円規模の子ども手当」の創設を表明。二〇〇七年七月の参院選マニフェストで月額が「二万六〇〇〇円」に増額され、〇九年の政権交代時のマニフェストへ受け継がれた。

このように、民主党は手当を拡充する方向性を一貫して追求している。その基本は、従来の「子育ては親個人の私的な責任だとの前提に立ち、低所得や困窮に苦しむ場合に限って公的に支援する」という考え方から、「子育ての社会化」という発想へと転換する点にある。

年金・医療を中心に、高齢者の社会保障制度は、いま働く人たち全体で支えている。その子どもたちが将来は高齢者の社会保障の支え手となっていくわけだから、子育ては公共的・社会的な営みであって、子どもを産んだ人だけの責任として放置することはできない。そう考えて、高齢者に偏っている社会保障の対象を若い世代へ広げ、世代間のアンバランスを是正しようという発想である。

さらに、二〇〇五年のマニフェストで大きく転換した点は、所得制限を撤廃したことと、新たに配偶者控除の廃止を盛り込んだことだ。いったい、この転換は子ども手当構想にどのような変化をもたらしたといえるのだろうか。その特徴を見ていこう。

普遍主義と所得制限撤廃

子ども手当の第一の特徴は「普遍主義」にある。所得制限のない児童手当は、ヨーロッパでは珍しいことではない。イギリス、スウェーデン、ドイツなどでは、どんなに裕福な家庭でも、おおむね義務教育終了まで月二万円前後が支給されている。世帯の所得などに一定の限度を設け、この限度以下の人にだけ手当を支給する手法を「選別主義」と呼び、制限を取り払いすべての子どもを対象にする手法を「普遍主義」と呼んでいる。民主党も二〇〇五年マニフェストで普遍主義の立場をとったことになる。

児童手当の所得制限は二〇〇六年度に緩和され、支給対象者（当時、小学六年生までの子どもをもつ世帯）が全体の九〇％へ引き上げられた。実質的には「ほぼ全員」になったのだから、財源がないなかで無理して全員支給にしなくてもいい――という意見はある。たしかに所得制限を設ければ、限られた財源で手当を必要としている人にしぼって、より手厚く支給できる、というメリットがある。

それでも、制限を取り払ってすべての子どもへ対象を広げるのは、それにより子ども手当を質的に転換できると考えるからである。

所得で支給対象を制限すると、受給する人たちは「困っている人たち」と見なされるようになる恐れがある。受給すると肩身の狭い思いをし、受給できない人は自分たちの税金の使われ方に不満をもつかもしれない。こうして社会の階層分化を生み、「特定の層」への財源の配分が適正かどうか、「損か得か」に焦点が当たるようになり、社会は分裂しやすい構造を抱えることになる。

これに対して、普遍主義の手法を取り入れ、受給資格の制限を撤廃すれば、あらゆる所得層の人々が同じ手当やサービスを享受するようになるため、制度を守ろうとする力がそれだけ大きくなる。例えば、子ども手当を軸に、子どもの成長や育児を共通項とする、所得階層を超えた新たな社会的連帯が生み出される可能性も生まれてくる。その意味で普遍主義の手法がもたらす、全員で支えあうという社会統合のあり方は、民主党の「社会全体で子育てを支える」という政策理念の実現にとって重要な要素だった。

また、受給資格の制限を撤廃すれば、所得などの条件に合っているかどうかの申請手続きとその判定や、不正受給の監視といった事務コストが不要になる、というメリットも生じる。ただし、一般に社会保障の費用は、余裕のある人ほどより多く負担してもらうのが望ましいと考えられている。そこで、普遍主義の手法をとるときには、高所得層への課税を強化してその財源を生み出し、税金と手当支給を組み合わせて、全体として所得の再分配機能を強化することが多い。

こうした視点から、次に見る「控除から手当へ」が出てくる。

「控除から手当へ」が意味するもの

「控除から手当へ」というスローガンに、子ども手当の第二の特徴がある。所得控除は高所得者にとって有利に働く性質がある。所得控除とは、例えば課税対象の年間所得から一定金額を引いて（控除して）税金を低くする仕組みだ。しかし、所得税は所得が高くなるに従って税率を高くする「累進課税」となっているため、所得から同じ金額を引いても、税率が高い人ほど税金が減る度合いが大きくなる。

このため、同じ金額の児童手当を受けとっていても、子どもに適用される扶養控除による税金の軽減効果によって、同じ子育て家庭でも年収の高い家庭のほうが受け取る額が大きくなる場合がある。例えば三歳未満の子どもが一人いる家庭の場合、所得三〇〇万〜四〇〇万円層では年間一七万二〇〇〇円（年少扶養控除による住民税・所得税軽減五万二〇〇〇円＋児童手当一二万円）なのに対し、年収八〇〇万円層では二二万九〇〇〇円（年少扶養控除による住民税・所得税軽減一〇万九〇〇〇円＋児童手当一二万円）になる、という具合だ。

また配偶者控除は、妻の年収が一〇三万円以下の場合、夫の年間所得から三八万円を差し引いたうえで課税する。年間を通じて勤務した給与所得者約四五〇〇万人のうち、配偶者控除の対象者は約一〇〇〇万人で、就労者全体の四分の一弱。給与別で見ると、年収八〇〇万円を超える層のうち配偶者控除を受けている人は五〇％強を占めるが、年収三〇〇万〜四〇〇万円の層は一七・一％にすぎない（政府税制調査会資料、二〇一〇年一〇月一九日）。高所得の世帯ほど専業主婦がいて配偶者控除を受ける傾向にあることが分かる。

所得の再分配機能をもつ税制や社会保障制度のもとでは、税と社会保障がないとしたときより相対的貧困率が減少するのがふつうだが、日本は唯一、子どものいる世帯と共働きの世帯で相対的貧困率が上昇する国になっている。税や社会保障制度の再分配機能が特定の世帯に逆に作用するのは以上のような、所得控除の種類と規模が大きく、それが主たる家計の維持者——男性稼ぎ主を中心に組み立てられているという事情も影響している。

「控除から手当へ」は一律に一定額を給付する子ども手当の実施と同時に、所得控除を廃止することで、中・低所得者層の負担軽減をめざすもので、結党以来、岡田克也らを中心に検討されてきた。その際、子どもへの扶養控除だけでなく、配偶者控除も廃止対象に加えたのが、もう一つの注目すべき点であった。

妻の年収が増えて配偶者控除を受けられなくなると、夫の所得にかかる税金が増えるだけでなく、夫が勤めている企業が配偶者手当を支給している場合、配偶者手当も支給されなくなることがある。そのため、配偶者控除の限度である一〇三万円を年収が超える手前で妻が働くのをやめる、といった現象が広く起きているだけでなく、それを逆手にとって事業主側が賃金を安く抑えることにもつながっていることが指摘されてきた。

配偶者控除の廃止は、子ども手当の財源を確保するだけでなく、このように女性の就労を抑制する税制を改める、という狙いももっていたのである。民主党の一九九九年統一地方選での「重点政策」は、すでに「男女共同参画社会をめざす観点から、配偶者特別控除など女性の就労を抑制する中立性を欠く制度を見直し、男性も女性も一人の個人として自立して生きることを妨げない税制に改めます」とし、廃止を念頭に置いている。

民主党が二〇〇五年マニフェストで配偶者控除の廃止にまで踏み込んだのは、この税制が女性の経済的自立を妨げる働きをしている点を、岡田代表（当時）らが強く意識したからである。それにより、配偶者控除の廃止は、自民党政権時代の女性政策・少子化対策との違いを最も分かりやすく示すことにもつながった。

自民党は「家庭での女性の役割を税制・年金制度で評価し、女性が育児に専念できる環境を整える」という観点から女性政策・少子化対策を組み立てているのに対して、民主党は「男女ともに個人として望む生き方を保障するため」「女性が就労を通じて社会参画する社会を実現する」という観点を明確に打ち出した。

出産から、社会人としての自立まで

そして第三の特徴は、子ども手当を単独の政策として構想するのではなく、出産から子どもが自立するまでを経済的に支える「給付パッケージ」の柱として位置づけていたことである。全額自己負担だった不妊治療を健康保険の対象にし、出産時助成金を設け、子ども手当・高校無償化・大学奨学金の拡大で子どもの成長・自立を支える。二〇〇六年に代表となった小沢一郎のもとで、これら現金給付を柱とする経済支援策がパッケージとして示されるようになった。

民主党の「チルドレン・ファースト」の政策を体系的にまとめたパンフレット「育ち・育む〝応援〟プラン」(二〇〇六年)では、女性が子どもを産みたくても産めない最大の理由として「経済的負担」が各種の調査であげられているので、子育てへの経済的支援を主要政策にしたとしている。

二〇〇五年に、まず所得制限のない子ども手当を打ち出し、社会保障の対象を若い世代へも広げ、社会連帯を醸成する普遍主義的なアプローチが生まれた。その後、それが小沢代表のもとで、個人に直接給付する経済的支援を強化する給付パッケージとしてまとめられた。これによって、「小沢流の選挙受けを狙った政策」というイメージを持たれることになったが、個人給付を優先するという民主党のチルドレン・ファーストが体系化されたといえる。

経済的支援によって子育て世帯への生活保障を行うとともに、現金給付によって個人が最も自分に合った使い道を選択できるようにする——というアプローチであるが、この点は第3

節の保育政策で具体的に検証する。

こうして見れば、民主党の子ども手当は大胆な転換を求める社会構想という側面をもっていたといえる。その意味で、政権交代がなければ登場しなかったものである。

2 「子ども手当」の迷走

財源論に消えた普遍主義

「子ども手当構想」は以上のような大胆な政策転換を狙ったものだったが、現実には実を結ばなかった。なぜそうなったのか。子ども手当が民主党政権下でたどった道を振り返りながら、その原因を探ることにしよう。

二〇〇五年マニフェストでは給付額が一万六〇〇〇円だったことは述べた。財源も所得控除の廃止によって生み出すことにしており、一定のメドをつけていた。しかし、小沢一郎代表のもと、子ども手当が一挙に月額二万六〇〇〇円に増額されたことで、財源の裏付けを失った。そのため、子ども手当は「全額国庫負担」で行う、という二〇〇九年総選挙で強調した公約も揺らいだ。まず、この「全額国庫負担」がネックになり、子ども手当の迷走が始まった。

二〇〇九年九月に誕生した鳩山政権は、子ども手当を含めマニフェストに掲げた政策の実現に乗り出したが、すぐ財源の壁にぶつかった。「事業仕分け」という新しい手法を打ち出し、各省庁の「税金のムダづかい」をなくすことに努めたが、確保できた財源は必要額に遥かに及ばなかった（第1章、第3章を参照）。

それまでの児童手当は、三歳未満の子どもをもつ受給対象者が厚生年金に加入している場合はその財源の七割を企業が拠出し、それ以外の対象者には国、都道府県、市町村がそれぞれ三分の一を拠出するという仕組みになっていた。地方交付税の減少や税収の落ち込みで財政難にある地方自治体は、公約どおりの「全額国庫負担」を求め、民主党政権内部でも自治体に負担継続を求めるか否かで意見が分かれた。

そのさなかの二〇〇九年末、総務省サイドから、児童手当の自治体負担分をなくす代わりに、私立認可保育所の運営費の国庫負担分を支給しないようにするという案が浮上した。この案をめぐっては原口一博総務相と長妻昭厚労相が対立し、混乱に拍車をかけることになった。「全額国庫負担」を掲げておきながら、子ども手当の導入によって廃止となる児童手当の地方自治体と企業の拠出金の扱いについて詰めていなかったことが混乱の原因になっており、民主党内部の足並みの乱れと稚拙な調整力が露呈した。

結局、総務省の官僚が中心となり、自治体と省庁間で、児童手当の上に子ども手当を接ぎ木した二階建ての制度とすることで調整をつけた。しかし、児童手当の枠組みを温存し自治体負担を残すことに、自治体側の納得は得られなかった。このため恒久的な制度にはできず、子ども手当はとりあえず一年限りの暫定法として、二〇一〇年度から中途半端なスタートを切らざるをえなかった。支給額はマニフェストの工程表どおり一万三〇〇〇円からのスタートとなったが、この初年度のつまずきによって、子ども手当は以後、暫定法の弱みにつけ込まれ、綱渡りが続くことになってしまった。

その後、二〇一〇年七月の参院選での民主党敗北で「ねじれ国会」となり、子ども手当は恒久化による本格始動の条件を失った。「バラマキ4K」の一つとして、子ども手当は野党・自民党の攻撃目標にされた。与野党の駆け引きの材料にもされ、二〇一一年三月の東日本大震災発生後は、復興財源のための特例公債法案の成立と引き換えに、所得制限を導入し、子ども手当の名称を撤回するよう迫られた。

このときは二〇一一年九月までという再度の暫定法により一律一万三〇〇〇円で切り抜けた。とはいえ、年度内での期限切れとなるため、翌二〇一二年度から所得制限の導入による新制度へ移行することを前提に三党が合意し、年度内の混乱を防ぐため、同年度の一〇月から三月までは特別法で継続するという状況だった。そして最終的には、野田政権での消費税増税法案の成立より一足先に、「改正児童手当法（児童手当法の一部を改正する法律）」が成立し、「子ども手当」の名称が消えた。所得制限の導入も行われて、民主党が構想した子ども手当制度は二年で名実ともに様変わりすることになった。

以上のような経過で、財源論と与野党の駆け引きに終始し、子ども手当の普遍主義の意義は議論されないまま、挫折した。

「控除から手当へ」に踏み込めず

では、「控除から手当へ」のほうはどうなったのだろうか。子どもに適用される年少扶養控除は二〇一〇年度の税制改正で廃止された。所得税では二〇一一年度分から、個人住民税では一二年度徴収分から廃止され、子ども手当の財源の一部に回された。

しかし、配偶者控除の廃止は実現しなかった。政府税制調査会を中心に廃止の方向で論議はされたものの結論が出ず、二〇一二年一〇月に政府税調は配偶者控除の廃止を断念する方針を固めた。あれほどマニフェストの実現にこだわりながら、配偶者控除の廃止については、四年連続で結論を見送り、最後に自ら断念した。子ども手当本体とは違って、野党の攻勢を受けたからではなかった。廃止の是非が、民主党全体を巻き込んでの熱い議論に発展したこともなかった。

しかし、子ども手当の財源として扶養控除のみを廃止するのでは、子どものいる世帯間での所得移転にとどまる。一方、配偶者控除を子ども手当の財源とすることの是非は別としても、配偶者控除を残すことで女性の就労抑制効果を維持することになる。

なぜ踏み込めなかったのか。岡田克也は、二〇〇九年衆院選で大量の新人議員が登場し議員構成が大きく変わったことにより、「専業主婦を正当に評価するべきだと考える人が党内で増え、考え方が自民党に近づいてきた」からだと回想する。次に述べるように、配偶者控除を廃止することは単なる子ども手当の財源確保ではなく、女性が労働を通じて社会参加することを前提とする税制・社会保障への政策転換だという狙いが、党内で共有されていなかった点が大きく影響した。また、参院選後には消費税増税が政権の目標になり、やはり増税になる配偶者控除の廃止を言い出しにくい状態に陥ったことも作用した。

理念に党内の合意なし

子ども手当のつまずきが「財源の見通しの甘さ」から始まったことは間違いない。これは、民主党のマニフェスト政策すべてに共通する問題である。ただ、民主党の政策過程を振り返ってみると、むしろ子ども手当構想が挫折した最大の原因は、政策実現の戦略を党内で共有していなかった点にあるといえる。マニフェストどおりの給付額の達成をめざし、その財源獲得に向けて政府・党が一丸となって取り組むのか。それとも給付額の達成よりも子ども手当の理念を浸透させ、制度として確立することを優先させるのか。そのいずれを選ぶかを議論する土台が最後までできなかったことにある。

以下では、民主党の政策過程に見られる三つの問題点を指摘したい。

第一の問題は、子ども手当構想のもつ政策としての体系性について、党内に合意が十分にできていなかったことである。所得制限をかけないで広く一律に支給するという普遍主義に基づく現金給付のあり方や、「控除から手当へ」の転換により所得再分配を強化するという手法は、日本の社会保障制度と税制にはなじみが薄いうえに、専門性が高く、理解している議員が少なかった。二〇〇五年からマニフェストに掲げてはいたが、子ども手当構想は一部の議員によって練り上げられていたために、その政策理念は党内で共有されていなかった。

加えて、支給額を月二万六〇〇〇円に引き上げてからは額の大きさが注目されるようになり、二〇〇九年衆院選では金額ばかりが強調された。

政権についてすぐ財源の壁に突き当たると、なおさら金額がクローズアップされる。ここから「小沢氏が突然金額を引き上げたからだ」という不満が高まり、小沢・反小沢の対立が深まるにつれて、子ども手当を党全体で実現していこうという機運が薄れていった。

子ども手当の政策理念について曲がりなりにも党内に合意があったなら、財源を考慮して満額支給の達成を先送りしても、社会全体で子どもの成長を支えていく理念の大切さを国民へ訴えて、新しい制度をスタートさせる、という選択肢へ切り替えることもできたはずだ。ところが、民主党の多くの議員は、腹をすえて政策転換の意味を説明するよりも、手っ取り早く有権者へ説明できる手当の金額のほうを選んだ。

「〇九年当選組は圧倒的に一年生議員が多く、政治経験も浅い。マニフェストを手渡されて、これを中心に街頭演説をして選挙を戦った人も多い」（福山哲郎）

「駅前で演説はできても、コミュニケーションができてない。言われたら言われっ放しになってしまう。そういう人がバッジをつけちゃった」（岡田克也）

政策の理念よりも選挙。そういう方針で風に乗って当選した一年生議員は、政権獲得後も配偶者控除の廃止や普遍主義の意義を説明できないまま、「有権者の反発」だけをストレートに政府へぶつけていき、むしろ構想をつぶす方向へ動いてしまった。政策の原点となるべき党綱領がないなかで、野党時代に培ってきた子ども手当の政策理念は、さらに見えにくくなっていったのである。

次々と代わった担当相

第二の問題は、担当大臣の人事である。たった三年三ヵ月の間に、社会保障、教育、雇用にかかわる大臣が次々と代わったことも痛手だった。厚生労働相四人、文部科学相五人、少子化対策担当相一〇人、男女共同参画担当相九人。これでは、看板政策である子ども手当にも腰を落ち着けて取り組めない。政権交代後、理念の浸透を図りながら、子ども手当の制度化、調整に一貫してあたったキーパーソンはいなかった。

野党時代から「チルドレン・ファースト」政策を中心になって進めてきた民主党の女性議員のうち、政権発足の時点で政府入りしたのは西村智奈美《ちなみ》が唯一であり、しかも外務政務官と別分野だった。小宮山《こみやま》洋子、神本《かみもと》美恵子、林久美子らはすべて党に残った。党と政府の一元化方針のもとで、党に残った者は水面下で動く状況が続き、政策に直接かかわることができない状況に置かれていた。

代わって、少子化担当相、男女共同参画担当相には連立与党から社民党党首・福島瑞穂《みずほ》が任命された。菅第一次改造内閣で小宮山が厚生労働副大臣として入閣、その後厚労相となり、神本、林、藤田一枝らも政府入りを果たしたが、子ども手当はすでに迷走を始めていた。野党時代から子ども政策を手がけてきた小宮山は、ねじれ国会で釈明に追われ、最後は厚生労働大臣として、子ども手当の名前を消す皮肉な役割を担うことになった。

甘かった制度設計

第三に、制度設計の詰めの甘さが、「社会で育てる」「控除から手当へ」という構想の土台を切り崩すことになった。

子ども手当が二〇一〇年度から導入されると、在日外国人の不正受給の可能性が指摘されるようになった。兵庫県尼崎市に住む在日外国人が、タイで養子縁組したと主張して五五四人分もの手当を申請し、市が申請を却下するという事件も実際に起き、手当に対するバラマキの印象を強めることになった。児童手当の時代から、在日外国人の親も手当を受給できるようになっていたが、支給額が引き上げられ注目度が増したうえ、所得などの受給条件をチェックしなくなることがいっそうの不正を誘うという懸念につながった。

もう一つ批判の対象になったのは、子どもが児童福祉施設や里親家庭で暮らしているのに、別居している親に手当が支給されるケースだった。その一方、「子どもの育ちを社会で支える」という理念を掲げながら、児童養護施設で暮らす親のいない子どもには支給されないという矛盾も指摘された。また、家庭内暴力や離婚寸前となって母親が子どもといっしょに別居している場合も、父親へ支給されるという不合理もあった。

以上の問題点は、旧児童手当のときから持ち越されてきたものであった。児童手当は子どもの「生計を維持する程度の高い者」へ支給すると定められてきた。つまり、一家を養う父親、あるいは世帯主を手当の受給者に想定していた。子ども手当は所得制限を撤廃したのだから、「生計」は重要な要素ではなくなったのに、この要件を引き継いだのである。このため、子どもと実際には一緒に暮らしていなくても、「生計を維持」していると見なされた保護者に支給されるという不合理なケースを防げなかった。

子ども手当の理念を実現する。そのために目配りしてしかるべき制度の細部を、詰め切れていなかった。子ども手当を導入した後の手直しで、両親が別居中の場合は子どもと同居している親に支給されるように変更され、子ども手当を引き継いだ改正児童手当法では、児童養護施設の子どもたちへも支給されるようになった。しかし、このように、甘かった制度設計の改善は後手後手に回ってしまい、子ども手当への信頼を崩すことにつながった。

戦略の失敗

二人目の首相となった菅直人は、「子ども手当という名称が最終的にはなくなったが、われわれが取り組んだ結果、自公政権時代の児童手当に比べ、対象が中学生にまで拡大し、給付額も引き上げられた。前進したにもかかわらず、マニフェスト違反という評価が先に来た」とくやしがる。そのうえで、「マニフェストというのは四年間かけて実行するテーマ。一度にやるのではなく、もうちょっとなだらかにやったほうがよかった」と振り返った。

なぜ急いだのか。「功を焦った」という見方もある。また、「マニフェストに修正を加えるとなると、マニフェスト違反だと言われ、マニフェストを忠実にやるぞと言うと至上主義だと言われた。どちらを向いても批判される」（福山哲郎）という自縄自縛の状態になったという側面もある。

それは民主党がもつ、ある種のきまじめさゆえなのかもしれない。ある閣僚経験者は、子ども手当に対し社会の合意を形成するための戦略が必要だった、と見ている。「段階的でよ

表5-1　子ども手当はマニフェストどおりに実行すべきか（%）

	2009年11月29日	2010年8月28日	2010年11月24日
実行すべきだ	36.1	20.1	22.1
縮小して実行すべきだ	41.2	42.1	38.7
実行を見送るべきだ	19.5	34.9	37.3
わからない・無回答	3.2	2.9	1.9

共同通信社全国世論調査を基に作成

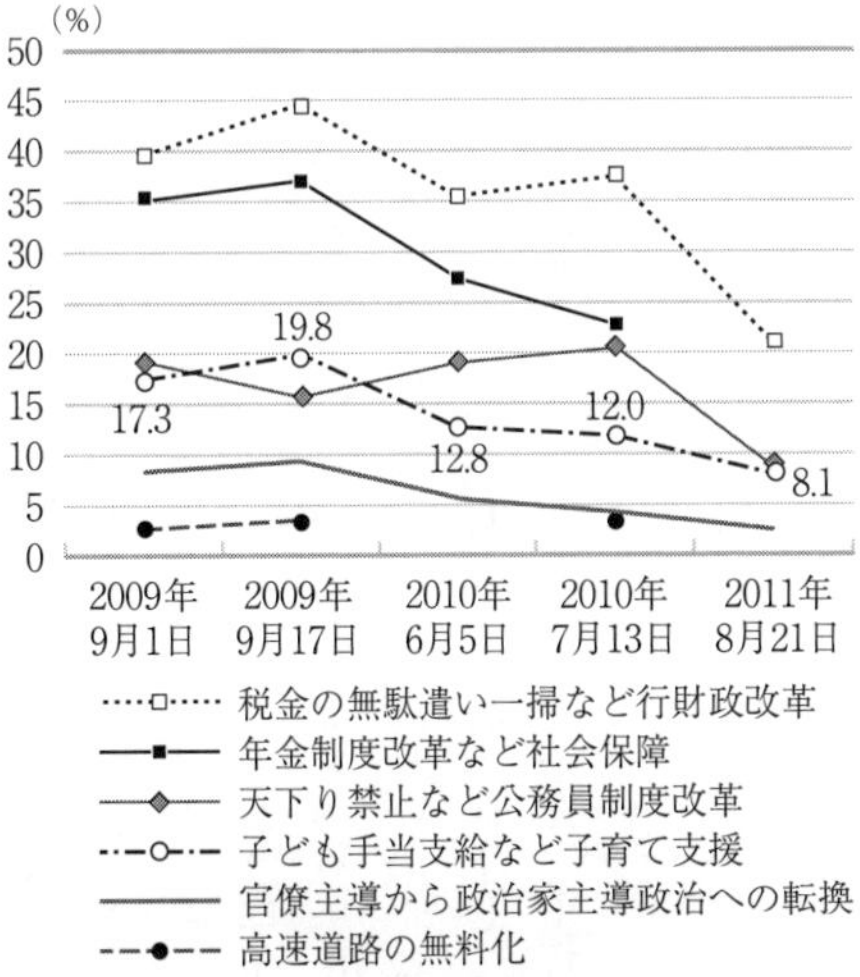

図5-1　優先して取り組むべき課題

二つまで選ぶ形式。データがない回は回答項目から外されている。共同通信社全国世論調査に基づき作成

かった。最初から満額などといわず、初年度は小さく、そして、増やしてほしいという周囲の反応を見ながら、無駄の排除で財源がつけばそのたびに少しずつ増やしていく。そうすると楽しみが長く続き、無駄排除のドライブもかかるじゃないですか」。

共同通信社が実施した全国世論調査によれば、マニフェストどおりに子ども手当を実行するべきかについて、政権交代から時間を経るにつれ、「実行を見送るべきだ」とする回答が増加していく（表5－1）。さらに、「どの政策に力を入れてほしいか」という問いについて見ると、民主党がマニフェストに掲げていた主要項目への関心が低下していき、政権誕生当初から全体としてはあまり関心の高くなかった「子ども手当支給など子育て支援」はポイントを下げていったことが分かる（図5－1）。

3　民意とすれ違った保育政策

保育所拡充への期待

これまで、「チルドレン・ファースト」を掲げた民主党の子ども手当構想がどのような特徴をもっていたかを確認し、それがなぜ迷走することになったのか、その原因について検証してきた。しかし、迷走した背景には、もっと基本的な問題が横たわっている。

そもそも、最も民主党への期待が高かった政権発足時ですら、子ども手当を「評価する」とした有権者は三九・一%にすぎず（共同通信社全国世論調査、二〇〇九年九月）、児童手当の増額や所得制限撤廃を求める市民運動もなかった。子ども手当への理解が十分ではなかったことに加え、民主党が政権を獲得したころ、新政権に対して子育て世代の間で高まっていた期待は、保育所を大胆に拡充してほしいということであり、手当の拡充を最優先した政権の方針と大きなすれ違いが生じていたのである。

二〇〇八年九月のリーマン・ショックから始まった世界同時不況を受け、日本でもいわゆる派遣切りに象徴されるように非正規社員を中心とした失業が急増した。このため、「夫がリストラにあった」「子どもを保育所に預けて働き口を探したい」と希望する母親が保育所の入園申請に殺到した。

しかし、首都圏を中心に保育所には空きがなく、保育所に入れない待機児童数は二〇〇九年四月で、前年同期比三〇%増の二万五三八四人にのぼっていた。その後、待機児童数は例年以上に膨れあがり、民主党が政権についた翌月の二〇〇九年一〇月には、都市部を中心に四万六〇五八人にまで達していた。これは、保育ママなど自治体が認めている保育サービスを利用している人を待機児童から除く方法で集計するようになった二〇〇一年以降では、最高の数字だった。そこに「チルドレン・ファースト」を旗印にした民主党政権が誕生したのであるから、保育所整備への子育て世代の期待が高まるのは当然だった。

ところが、その期待に反して民主党は子ども手当を最優先に突き進んだだけでなく、待機児童解消の方策として打ち出したのは、「幼保一体化」だった。

二〇一一年一〇月に実施された第一生命経済研究所のアンケート調査によれば、保護者があげた待機児童を減らすために必要な施策（複数回答）は「保育所（〇～五歳児）の増設」（五七・八％）、「保育所（〇～二歳児）の増設」（三九・〇％）、「幼稚園の預かり保育の拡充」（三四・八％）が上位三つを占めた。優先的に実施してほしい子育て支援（五つまで選択）では、「幼保一体施設の増設」（一一・〇％）は一五項目のうちで一四番目（その他、特にない、を除く）。子育て中の親にとって、幼保一体化は保育政策のなかで認知度もニーズも低い政策だったのである。

手薄だった保育政策

民主党の「チルドレン・ファースト」には、保育サービスの拡充策がもともと手薄だった。民主党の保育政策の柱は、保育所は厚労省、幼稚園は文科省、と担当が二省に分かれている現状を、「子ども家庭省」を作って一本化するという省庁再編案であった。先述したパンフレット「育ち・育む〝応援〟プラン」では、担当省を一つにすれば、運営面で保育所と幼稚園の一体化が進みやすくなり、定員に空きのある幼稚園と待機児童のいる保育所が全体としてならされて、保育所の待機児童が解消していくという説明だった。しかし、どの程度まで待機児童が解消されるのか、各年齢層の子どもの何割をカバーできるのか、といったシミュレーションは示されてこなかった。

それ以上の具体策となると、さほど目新しい政策はマニフェストに並んでいない。二〇〇五年マニフェストで待機児童解消に九六〇億円の投入が掲げられたこともあったが、〇七年、〇九年マニフェストにはともに予算投入も数値目標も明示されていない。また、その政策手法も、保育ママの拡充、空き教室の活用、ＮＰＯなど保育事業者の多様化といったもので、自民党時代の保育政策と大きく違わなかった。

このことは、第１節で述べた子ども手当の第三の特徴に関係している。民主党は出産から社会人としての自立まで、さまざまな経済的支援をパッケージとして提起した。つまり、個々の家庭や子どもへ現金を給付して支えることを主たる政策手段に据えており、保育サービスを公的に提供する政策には、あまり重点が置かれていなかったのである。

それは以下のような考え方に立っている。子育て世帯へ現金を渡せば、各家庭はそれを使ってそれぞれの実情や好みに合った保育サービスを選ぶことができる。ＮＰＯや企業などによって家庭の多様なニーズに合った保育や教育が提供されるようになり、公的な保育所以外も充実してくるだろう、という考え方だ。親の選択肢を広げるためには、保育や教育の内容や質について事細かに政府が口を出して規制するよりも、その地域や親のニーズに合ったサービスを生み出す条件整備が必要だ、という発想がその根底にはあるということだろう。

実際、政権交代直後には、地方分権改革推進委員会第三次勧告を受け、子ども一人あたりの居室面積を定めた国の保育所最低基準の廃止、見直しの方針を打ち出した。地域主権を確立し、各自治体の条例に任せることで、地域の実情に合った待機児童解消策が打ち出されることを狙ったのだ。しかし、二〇〇〇年以降の保育施設の規制緩和によって、保育所の定員緩和が進み、国の最低基準を満たしていない保育施設が増加していた。それに伴い、認可外の保育施設での死亡事故も増加傾向にあったので、国の最低基準の廃止は親の不安を呼び、「子ども手当にそれだけの財源を使うのなら、保育施設の整備、充実のほうに使ってほしい」という声が上がった。

これを受けて、民主党政権が保育所の増設、定員増について本格的に対応を始めるのは、菅内閣発足後の二〇一〇年度以降のことだ。「待機児童解消『先取り』プロジェクト」の実施や保育所整備のための安心こども基金の積み増しを行ったが、自公政権時以上のインパクトは与えられず、後手に回ったという印象はぬぐえなかった。そうしたなかで、民主党政権は「幼保一体化」の実現に突き進んだのである。

自公政権のプランを引き継ぐ

まず鳩山内閣時の二〇〇九年一二月八日に閣議決定された緊急経済対策に、「幼保一体化を含めた保育分野の制度・規制改革」が盛り込まれた。次いで翌二〇一〇年一月二九日には「子ども・子育てビジョン」が閣議決定され、「幼児教育、保育の総合的な提供（幼保一体化）」が打ち出された。

ただし、その後、幼保一体化という枠組みのなかで示された具体策の多くは、実は二〇〇〇年代に入ってからの自公政権時代のプランを引き継いでいた。自公政権時代に厚労省の「社会保障審議会少子化対策特別部会」で審議してきた内容が軸となっていたのである。

その柱となる改革は次のようなものだった。保育所の運営費などの使途制限を撤廃し、株式会社の保育参入を促進する。さらに、国や自治体が保育所に運営費を補助し、親は保育所を管轄する市町村との契約に基づいて保育所を利用するという方式から、個人給付・直接契約という方式に転換する。つまり、市町村は子ども・子育て支援給付として保育サービスの利用にかかる費用を（施設が代理受領するという形で）親に補助し、親はその補助対象となる施設と直接契約をするという方式だ。市町村が施設ではなく、親に保育サービスの利用料を直接補助することで、入園を希望する保育所への手続きや入園の可否、実際の保育利用について、市町村の介入や関与を最低限に抑えられる仕組みである。また、それらの施策や子ども手当に必要な資金を一元化し、それを「子ども・子育て包括交付金」として国から市町村に配分する——。

自公時代から少子化対策特別部会で進められてきた議論は「幼保一体化」という新たなフレーミングのもとで継続され、「子ども・子育て新システム検討会議」ワーキンググループを舞台に、今度は官僚たちの手腕が発揮されていった。そして、これらの政策転換を盛り込んだ「子ども・子育て新システム」三法が、二〇一二年八月一〇日、消費税増税を柱とする社会保障・税一体改革関連法の一部として参院で可決・成立した。

このなかで、保育所と幼稚園の機能をあわせもつ「認定こども園」のうち幼保連携型という施設の増設に力を入れることで、幼保一体化を推進することも決まった。この認定こども園も小泉政権のもとで二〇〇六年に制度化された施設であり、社会保障・税一体改革の三党合意によって民主党が譲歩した結果、自公政権時代の政策の延長線上に乗ることになった。もっとさかのぼるなら、保育の「個人給付・直接契約」という方式への転換は、旧厚生省時代の一九九三年以来、さまざまな形で提案されてきたもので、約二〇年越しの懸案の実現であったのだ。

その一方で、民主党が二〇〇九年マニフェストで掲げていた子ども家庭省の創設のほうは、子ども・子育てビジョンの閣議決定から一年後の二〇一一年一月には小宮山厚労副大臣が見送りを表明し、断念していた。この結果、幼稚園の文科省、保育所の厚労省に加えて、認定こども園は子ども・子育て支援法のもとで内閣府が管轄することになり、三元化した。施設の種類でいえば、三つの省府のもとで、設置基準が異なる一〇から一一パターンという多様な施設が混在することになり、逆にたいへん複雑な内容になってしまったのである。

以上のように、自公政権時代から厚労省内部で長い時間をかけて検討されてきた制度を、民主党政権が新システムとして採用することになったのは、幼保一体化や保育の充実についても民主党が野党時代から具体的な制度案を持ち合わせていなかったことの反映だった。政権発足直後、不況の影響を直に受けた若い夫婦や女性の「保育所を利用して働きたい」という声に対して、幼保一体化で独自性を出そうとしたが、即応性に欠けた。それにより、具体的な保育への取り組みが遅れ、従来路線に乗ることにつながった。政治主導をめざしながら、実際には霞が関のペースに乗せられた事例と見ることができる。

民主党の規制緩和路線

にもかかわらず、当プロジェクトによる民主党衆院議員へのアンケートでは、新システムへの評価が高かった。「子ども・子育て新システム」について、「民主党政権だからできた」

という回答が九三％を占めた。最も成果があがった分野でも、教育の四九％、行政刷新の三三％をおさえ、子育て支援が五六％でトップだった（複数回答）。「一体改革のなかでの認定こども園の大幅拡充」を成果にあげ、「子ども・子育て支援では大きな転換ができた」と評価する意見が、党幹部を歴任した議員たちからも示された。

これは、もともと民主党の保育政策は自公時代に進んでいた規制緩和路線と軌を一にしていたので、前政権からの路線をより徹底して実現したという評価なのだろうか。それとも、厚労省が進めてきた新システムの土台となる議論に「幼保一体化」という新たな目標を組み込み、保育を大幅に拡充していく基盤を作ったという評価なのだろうか。

そもそも寄り合い所帯といわれた民主党のなかには、小泉政権が登場する前から、規制緩和を重視する路線があり、既得権益の打破と「官から民へ」の規制改革を掲げていた。そして、「自民党をぶっ壊す」と叫んだ小泉政権の構造改革が社会の格差拡大をもたらしたとの批判が高まり、民主党は「国民の生活が第一」の路線へと軌道修正した。

しかし、民主党にはこれら二つの潮流がその後も併存しており、チルドレン・ファーストでも二つの潮流が混じり合っていた。一つは子ども手当、あるいは高校無償化に見られる格差是正の路線であり、もう一つは既得権益団体と癒着のない民主党だからこそできるという幼保一体化の看板と、その枠組みのもとで進められた規制緩和路線だった。二つの潮流のいずれにも何らかの成果があり、どちらの立場から見ても子育て支援政策が成功した要素があるため、アンケートでの高い評価につながったのだろう。

だが、有権者、とりわけチルドレン・ファーストの対象となる若い世代や子育て世帯の目から見ると、保育所拡充という差し迫ったニーズとのすれ違いもあり、民主党は何がしたかったのか、何を目標とする政権だったのか、見えてこないという問題を抱えることになった。

成果と限界——育児、就労の政策転換

短命に終わった民主党政権ではあるが、実は、いくつもの地道な成果があがっている。「チルドレン・ファースト」関連の政策もそうだった。

高校無償化を実現し、経済的理由による中退者は二〇〇八年度の二二〇八人から二〇一〇年度、一〇四三人へ減少した（文部科学省「児童生徒の問題行動等生徒指導上の諸問題に関する調査」各年）。子ども手当もバラマキだと言われながらも、実際には子どものいる世帯の可処分所得の引き上げに貢献した。財源確保は当初の見込みどおりにはいかなかったものの、初年度、無駄を排するなどで、国庫負担約一兆二〇〇〇億円をひねり出した点も無視できない。子ども手当構想は頓挫したが、改正児童手当法として引き継がれ、自公政権時代よりも対象者を拡大し（中学生まで）、給付額も五〇〇〇〜一万円積み上げた制度になっている。そ

れ以外にも、生活保護制度の母子加算の復活や父子家庭への児童扶養手当の支給が実現している。

だが、民主党政権で何が変わったのかを振り返るとき、自公政権時代の政策の枠組みを大きく転換するような、政策全体としての体系的な成果にまでは至らなかったといわざるをえないだろう。

「控除から手当へ」では、子どもへの年少扶養控除は廃止したものの、配偶者控除の廃止は断念した。これにより、少子高齢化で不足する労働力を補うための女性活用という視点ではなく、女性の経済的自立を妨げる税制と社会保障制度を是正し、女性も就労を通じて社会参加することを前提とした支援を組み立てていく、という出発点を失った。子ども手当は、所得制限をかけず、社会で子育てを支援するという発想転換に失敗した。子ども手当自体も本来、その構想とは相いれないにもかかわらず、支給対象を旧児童手当同様の「生計を維持する者」としたため、男性は働き、女性は家事育児という伝統的な家族観をひきずることになってしまった。

そして、経済的支援を柱とする「チルドレン・ファースト」政策は、現金給付とセットで公的保育サービスを保障する視点に欠けており、踏み込んだ検討をしてこなかった。そのため、女性や雇用の不安定な若年カップルを就労へと橋渡しする「積極的労働市場政策」として、保育所の増設や定員増に踏み切るのが遅れた。「子ども家庭省」の発想に見られるように、保育・教育施策の統合によって、すべての子どもを対象とするユニバーサルな社会サービスを提供しようとする政策志向もあったが、結果的には、マニフェストに掲げた幼保一体化をめぐる、幼稚園や保育所など既存の団体とのもめごとばかりに注目が集まってしまった。そして、子育てにかかわるリスクの社会的な分かち合い、女性の就労を前提とした政策体系の転換には至らなかった。

分断と対立を超えて

本章では、民主党の「チルドレン・ファースト」政策にしぼって検証してきた。これまで見たように、民主党は、子ども・子育ての政策を社会保障の重要な一分野として組み込むことに成功しながらも、女性が働くことを前提にした政策体系へと大胆に転換するまでには至らなかった。そのことは、大規模な社会変動の渦中にあってなお、既存の社会保障制度やそれを支えてきた社会のシステムを変更することがいかに難しいかということを物語る。

右肩上がりの経済に支えられ、国家が「成長のパイ」を配分できた時代はすでに終わった。少子高齢社会の今、働き手が減り、年金や医療、介護を必要とする高齢者が急増している。支える側の現役世代も、かつてのような完全雇用による生活保障は望めない。非正規雇用の増大、世帯所得の低迷、若者の失業率の上昇を背景に、家族の努力だけでは解決しがたい問題が山積している。

その解決を個人の責任とするのか、それとも社会全体で分かち合うべき課題とするのか。増大する負担をどこまで許容するのか。どの層への負担を重くし、どこに重点的に資源を配分すべきか。これらの課題に対し、民主党は次世代への資源配分を大胆に組み込み、社会が連帯して子どもの成長を支援しようと提言した。子どもを育てることが女性や若い世代にとって経済的、社会的にペナルティーにならない、一つの社会ビジョンを示したのである。

子ども手当構想は支援を手厚くする明るい政策だったが、給付と負担の配分の見直しは、損か得かをめぐる対立を表面化させる。結果的に財源問題、つまりその費用をどう負担し合うかで迷走した。所得や年齢、性別、職域によって給付対象が選別される社会保障のあり方に慣れてきた政治や社会をとまどわせ、個別の利害が注目された。所得控除を廃止すると、手当と合計してどの所得層は得をするか、どんな家族形態だと損をするか、そんな損得論議がマスコミを賑わし、なんのために新制度を導入するのかという議論は隅に追いやられた。

今後、さらに少子高齢化は進む。負担と給付の見直しは避けられない課題としてある。その方向性を考えるとき、子ども手当という構想には、日本が対立や分断を乗り越える社会統合のあり方を考えるうえで重要なヒントが含まれている。「チルドレン・ファースト」の限界と成果を冷静にとらえ、丁寧な説明と地道な対話を続ける。それが日本の政治の使命であり、政権交代の経験を日本の社会システムの再生に活かすということではないだろうか。

参考文献

イエスタ・エスピン＝アンデルセン『平等と効率の福祉革命』大沢真理監訳、岩波書店、二〇一一年
大沢真理『いまこそ考えたい生活保障のしくみ』岩波ブックレット、二〇一〇年
北明美「児童手当政策におけるジェンダー」『社会政策のなかのジェンダー』明石書店、二〇一〇年
小宮山洋子『私の政治の歩き方③政権交代編』八月書館、二〇一〇年
小宮山洋子『厚生労働大臣・副大臣７４２日』八月書館、二〇一二年
萩原久美子『迷走する両立支援』太郎次郎社エディタス、二〇〇六年
萩原久美子「『両立支援』政策におけるジェンダー」『社会政策のなかのジェンダー』明石書店、二〇一〇年
萩原久美子「『ワーク・ライフ・バランス』をめぐる二つの世界」『女性学』一九号、二〇一二年三月
宮本太郎『福祉政治』有斐閣、二〇〇八年
薬師寺克行『証言　民主党政権』講談社、二〇一二年

第6章　政権・党運営——小沢一郎だけが原因か

中野晃一

政権交代の立役者なのか、それともダーティーな政局屋なのか。かつて政界再編と政権の枠組みが「小沢対反小沢」を軸に変転していったように、三年三ヵ月の民主党政権もまた、小沢一郎を焦点とした党内対立に振り回された。

メディア報道ではともすれば反小沢グループと小沢グループの善悪二元論で描かれる傾向があった党内対立だが、実際にはそれほど単純な構図には収斂《しゅうれん》できない。小沢グループの行動が政府と与党が一体となった政策決定をきわめて困難にしたことは疑いを入れないが、何もかも小沢の責任にして、より根本的な失敗の原因と向き合うきっかけを失うようなことがあってはならないだろう。熾烈《しれつ》な権力闘争の裏には、新たな民主政治のあるべき姿を模索する真摯な意見の相違があったこともまた確かなのである。

本章では「小沢ファクター」を概観した後、小沢がいるといないとにかかわらず民主党が抱えた意思決定とガバナンスの問題を、とりわけ政府与党一元化と党組織マネジメントの失敗に焦点を置いて検証する。

1 幻の政府与党一元化

しょせん水と油だったのか

政権党ガバナンスの失敗が民主党にとって最大の蹉跌であったことは明らかである。本プロジェクトが現職民主党衆院議員を対象に行ったアンケートでも、二〇一二年一二月総選挙の敗北と下野の要因のなかで、「党内紛争・分裂」が最も致命的であったと認識されており、回答者のほぼ全員が「重要だった」(八四%)ないし「ある程度重要だった」(一三%)のいずれかを選択している。

政府と党の関係がうまくいかなかった理由では、「小沢グループの行動」をあげた回答が二二%あった。一方で、同じく二二%の回答者が「官邸の党対策不足」を選んでおり、さらに複数が「政府と党のコミュニケーション不足」をあげていた。

若手からも、「官邸と連携を密にし、政府を支える党側の要となる人材が必要」（菊田真紀子）や「政策調査会のみならず、党との連携・調整のため官邸の機能を強化することが重要」（大串《おおぐし》博志）といった意見が聞かれた。

本プロジェクトのヒアリングにおいて、反小沢系と自他ともに認めるような政治家からさえ、小沢のビジョンや手腕を評価し、離党に追い込んでしまったことを悔やむ意見が少なからず聞かれたのも事実であるが、やはり民主党政権の「失敗」の主因を小沢の存在や言動に見出す声は数多かった。

小沢率いる自由党が民主党と二〇〇三年に合併した民由合併が、政権獲得の出発点になった。しかし、「あまりに政治文化も価値観も違うので、私と枝野は合併に強硬に反対した」（仙谷由人）、「政権交代まで行ったのは民由合併があったからだと思う。しかし、小沢さんほど自分の言うことを聞かないやつはだめだという人とは、底が割れたくらいの度量がないと無理だった」（前原誠司）というように、民由合併の是非はともかく、七奉行たちは概して小沢に対する嫌悪を隠さない。

「七奉行」とは、自由党との合併以前から、民主党内で次の時代を担うと目されていた七人につけられていた呼び名である。仙谷、前原をはじめ、岡田克也、枝野幸男、野田佳彦、玄葉光一郎、樽床《たるとこ》伸二をさす。民主党を結成した鳩山由紀夫、菅直人と、自由党からの小沢一郎の三人による「トロイカ体制」に続く世代であり、もともと小沢に批判的な者が多かった。

小沢一郎という謎

「金権政治」の代名詞のような田中角栄《かくえい》、竹下登、そして金丸信《かねまるしん》に師事し、とりわけ選挙や国会対策で自民党の主流を歩み、一九八九年に四七歳にして幹事長にのぼりつめた小沢であった。一九九三年の政界再編で自民党を離党して新生党を結党したときから、政治改革・新自由主義改革の時代の先駆者なのか、古い自民党政治の申し子が権力闘争のために改革者を装っているだけなのか、常に評価が二分した。

その後二〇年も政治の表舞台に一貫して留まりつづけてきたなかで、小泉政権が民主党や自由党のお株を奪ったように構造改革路線へ乗り出すと、これに対抗するため民由合併へ打って出て、さらに代表として民主党を「国民の生活が第一」路線へ転換させた。他方では、西松建設の不正経理事件に端を発した政治資金問題で、検察から一連の捜査を受け、メディアの厳しい批判にさらされた。これらが、党内外での小沢評価をさらに複雑にした。

前者については、小沢が二大政党制化のロジックに従って「小泉自民党のアンチテーゼ、逆張り」(小川淳也)を狙った政治判断があったと思われるが、これによって「リベラル保守」とも呼ばれる新たな民主党支持層が広がり、また社民党・国民新党との連立につながった。それは同時に、旧来の自民党政治を批判し改革路線をとってきた民主党の主流からは、反発を受けることになる。

後者については、もともと小沢に批判的な政治家、メディア、有権者層には、捜査で小沢のダーティーな部分に決着がつくことへの期待が広がったが、他方には、検察の国策捜査のみならずアメリカの陰謀論を疑う者に至るまで、日米エスタブリッシュメントにとって都合の悪い男・小沢が標的にされた、と捉える「小沢信者」も有権者のなかに現れた。

こうして、現実の小沢をおそらくは遥かに誇張した形で、忌避する勢力と信奉する勢力が対立する構造が、政権党内にもできてきてしまった。「小沢氏だけが将来の日本のビジョンを示す」（東祥三）と離党してついていく者もいれば、「小沢さんという方は選挙と政局以外にほとんど興味のない人」（仙谷）と切り捨てる者もいた。

消費税増税政局

小沢の処遇や影響力をめぐる党内対立は、菅直人が鳩山由紀夫の後継代表・首相となって、政権基盤をトロイカ体制から七奉行世代へと移行させ、脱小沢に舵を切ったときから激化する。さらに菅政権から野田政権にかけて、マニフェスト離れと消費税増税シフトが推し進められたことによって決定的なものとなり、最終的には、二〇一二年六月に消費税増税を柱とする社会保障・税一体改革関連法案の衆院採決で反対票を投じ、小沢グループ衆参四九名の議員が集団離党した。

小沢といえば、消費税を導入した竹下内閣の官房副長官を務め、細川護熙《もりひろ》内閣においても大蔵省（現財務省）と組んで突如、税率七％の国民福祉税構想を打ち上げたことがあったように、もともとは消費税論者として知られていたが、民主党政権においてはマニフェスト違反として猛反対の姿勢をとりつづけた。

これを評して、長年小沢の側近として自民党、新生党、新進党、自由党そして民主党へと共に歩んできた元大蔵官僚の藤井裕久は、「消費税の元祖みたいな人なのに、政局屋になってしまった。消費税なんてだめだと言うので、まったく信用が置けなくなった」と批判し、「政局屋なのだから、分裂ということではなくて、いつ追い出すかという問題だった」と突き放す。

政権についた当初、野田は「ノーサイド」を呼びかけ、菅政権下で激化した党内対立が和らいだが、野田が消費税増税への道を進むにつれて抜き差しならなくなった。「党が分裂してでも消費税増税を断行しようという野田総理の固い決意を、小沢さんは読み切れなかったのでは」と安住淳は言う。小沢側近の東もまた「こちらは間違ったことを言っていないし、輿石さんが幹事長として間に入っているし、野田総理が翻意してくれるのではないかという思い違いはあったかもしれない」と認める。

野田を民主党の政策調査会長として支えた前原は、政調会で消費税増税について通算八日間・計四七時間を費やした二〇一二年三月に、議論の半ばほどのところで、小沢の協力を求めて会談したという。しかし小沢は原則論に終始して、条件付き賛同に転じる姿勢を見せなかった。このため前原は、「野田さんを支えるか、小沢さんに屈して野田さんが総理を辞めるしかない。党が割れるけれど仕方がないと腹を決めて、政調会での議論を打ち切り、会長一任をとることにした」と振り返る。

野田もまた同年五月末と六月頭に二回、小沢と会談している。しかし小沢は反対の姿勢を変えず、「残念ながら、党内融和を優先させて何も決めない政治を選択することはできなかった。結果的に分裂はやむをえなかった」と述べている。

アンケート調査でも二〇一二年七月の党分裂について意見は割れており、「避けられた」が五六％、「避けられなかった」が四二％とほぼ拮抗している。中間的な民社グループの直嶋正行は、「さきがけや松下政経塾出身の議員たちには違和感があったかもしれないが、党分裂に至るような小沢グループとの食い違いは、菅政権になって消費税増税が出てくるまで、当初はなかった」と述べている。

水と油のような小沢グループと反小沢グループの間の属人的な対立は避けがたかったにし

ても、その対立が党分裂にまで至ったのは、小沢ファクターという人的な要因が消費税増税という政策的な対立とリンクしてしまったからだと考えられる。政権党としての意思決定のあり方をめぐる強い不満が党内に広まっていたために、あれだけの規模の離反を招いたことは否めず、小沢だけに原因を帰すのは無理がある。

それでは、民主党政権はどのような政策決定システムを構築しようとし、そして失敗したのだろうか。

突然の政策調査会廃止

二〇〇九年衆院選マニフェストは、「政府と与党を使い分ける二元体制から、内閣の下の政策決定に一元化へ」と宣言していた。「政府に大臣、副大臣、政務官（以上、政務三役）、大臣補佐官などの国会議員約一〇〇人を配置し、政務三役を中心に政治主導で政策を立案、調整、決定する」というのである。

旧来の自民党政権では、派閥や族議員が発言力をもつ与党が往々にして主導権を握り、その結果、本来は内閣が負うべき政策決定の責任が曖昧になってきた。こうした批判が、この政府与党一元化構想の出発点にある。既存の法的枠組みでは、国務大臣一七名、副大臣二二名、大臣政務官二六名に内閣官房副長官や総理大臣補佐官などを含めた計七三名が政府に入る国会議員の上限として設定されていたため、これを増員するには法改正が必要であった。

まず問題になったのは、政府与党一元化を閣僚・役員人事においてどう反映させるかであった。従来の自民党政権では、与党と政府を直結するのは党総裁が首相となる一点のみであって、それ以外は完全な二元体制となっていた。もし民主党がこれまで参考にしてきたイギリスにならうのだとすれば、党・国会対策側の幹部を入閣させるはずであった。

ところが鳩山首相のもと、小沢が党の幹事長、菅が副総理・国家戦略担当相に就任することは早い段階で内定したが、小沢幹事長の入閣は実現しなかった。そもそも自身や秘書たちをめぐる西松建設からの献金疑惑と、それに対する一連の捜査やメディア報道を踏まえると、参院選を翌年夏に控え世論の動向が気になる時期に、小沢幹事長を入閣させ国会の答弁席に座らせることが現実に検討されたのか、小沢本人がそれを望んだのか、判然としない。ただ、小沢はあるインタビューで、「鳩山氏が総理になった途端に言われたんですけど、以前は幹事長も入閣するというのが影の内閣時代の了解事項だったのに、何だか知らないけれど、『政府のことには関知しないで党をやってください』って言われちゃいました」と述べている（青木理・辻恵・宮崎学『政権崩壊』）。

内閣に直接影響力を及ぼすことができない小沢は、鳩山・菅に対して警戒心を高めたのか、突如、党の政策調査会を廃止し、政調会長を兼任する予定だった副総理・国家戦略担当相の菅の党内での足場自体をなくしてしまった。「小沢さんが幹事長として党のすべてを握る。私は副総理であっても党の会議には一切出る場がないという仕組みになった」（菅）のである。こうして、与党と政府の直接の結節点になるのは、自民党時代と同様、党代表で首相でもある鳩山のみとなってしまった。

政府人事と党人事の混乱

また実は、二〇〇九年春ごろから政権交代を準備していた民主党内のチームでは、政府与党一元化を下支えするべく、中堅層の人材を政府と与党にバランスよく振り分ける人事案を練っており、小沢もこれを了承していた。そして、鳩山は初閣議で閣僚に対し、これに基づいた副大臣・政務官人事案を提示していた。しかし、鳩山が財務相にとくに迎えた重鎮の藤井が野田佳彦を副大臣に据えることにこだわったため、鳩山内閣では閣僚がそれぞれ自分で副大臣・政務官を選ぶ方式に変更された。

個々の大臣が直接自らの政務三役チームを作ることができたのは、鳩山内閣だけの例外であった。官僚に対する政治主導を実現するためにそれがプラスに働いた面もある一方、特定の有用な人材を大臣間で競合して副大臣や政務官にとりあうようなことも起き、何よりも政府与党の一体的な運営を行うための人事という視点は失われた。党側との十分な調整が行われないまま、政府側の人事が先行することになったのである。

国会や党については、小沢が人事を含めて任されていたとはいえ、側近の山岡賢次を国会対策委員長として続投させたほか、国会の各委員会の委員長や筆頭理事などの国会人事や党の役職人事を、政務三役入りから漏れた議員で行わざるをえなかった。結局、国会・党側の重要ポストに就いた中堅・若手の多くが小沢系の議員となったが、これは必ずしも小沢が好んで側近で固めた結果ではない。

政務三役「一〇〇人問題」

もともと小沢は政務三役の存在や役割について、「役所の仕事を役所と同じ立場で官僚の上に立って行うよりも、国権の最高機関としての国会へ政府の意思ややりたいことを伝え調整に回るつなぎ役」（福島伸享）として位置づけていた。同じ政治主導を標榜《ひょうぼう》していても、官僚と対決するような形で政務三役が省庁を運営することを想定していたわけではなく、立法過程のなかで実質的に働く比較的若い政治家を考えていたのである。

「小沢さんが当初増やそうとしていたのは、イギリスの Parliamentary Private Secretary（PPS）にあたる人。大臣のカバン持ち、伝令役のような存在で、党と大臣との連絡調整に文字どおり汗をかく若手議員」。鳩山官邸の官房副長官として政治主導のシステム構築を担当し、党の政治改革推進本部（本部長は小沢幹事長）の事務局長であった海江田万里との調整交渉にあたった松井孝治も、そう述べている。

「約一〇〇人」を政府入りさせるとマニフェストには書いたが、三〇八名の衆院議員がいる大勝後の民主党であっても、すでにめぼしい中堅・若手の多くを政務三役にとられ、党・国会運営に難儀する与党側としては、気前のいいことは言えない状況に直面していた。

内閣府のように雑多な政策分野が集まった省庁を考慮すると、一〇〇人近くまで副大臣・政務官を増やすことは必要であると認識していても、「現実問題として、三〇〇人の衆院議員から一〇〇人政府に入って、残りの二〇〇人で委員会運営までできるかといったら、非常にきつい」と海江田は指摘する。

副大臣・政務官の増員を実現させるため、小沢は早期の法改正に「非常に熱心だった」（海江田）という。実際、一九九九年に小渕恵三連立内閣において議員立法で国会審議活性化法を成立させ、副大臣・政務官制度を作ったのは小沢にほかならなかった。政府・内閣の機能強化のためにではなく、政治改革の一環として、各省庁幹部や内閣法制局長官といった役人に国会で答弁させるのを廃止することとセットにして、国会の審議を活性化させるために副大臣・政務官制度を拡充するという狙いだったのである。

そういう意味で、副大臣・政務官制度というのは「小沢さんの政治人生のコア中のコア」

（松井）であって、その拡充も議員立法で行うことにこだわった。結局、政府与党間での妥協の結果、政治主導確立法案は内閣提出法律案（閣法）で、国会法（国会審議活性化法）の改正は議員立法でと分け合い、副大臣らの増員と国家戦略局長を兼務する官房副長官ポストの増設などで、約九〇名の国会議員が政府入りする体制を整えることをめざしていくことになった。しかし、民主・社民・国民新の与党三党による国会法改正案の提出は二〇一〇年五月にまでずれ込み、参院選が迫るなか、すでに全面的な対決姿勢に転じていた自民党などの野党は審議入りそのものに反対した。

「政治家がリーダーシップをとることについては異論がなかったにしても、副大臣や政務官をどう増やすのか、制度面に関して党内的にほとんど具体的な構想や道筋は描かれていなかった」（直嶋）ことから、政権交代直後の貴重なスタートダッシュの機会を逸してしまったのである。

党の「重点要望」

民主党の政策調査会を廃止したとき、小沢幹事長は「政府・与党一元化における政策の決定について」（二〇〇九年九月一八日付）と題した文書を民主党議員に配った。政調会の代わりに、副大臣が主催する政府の会議として各省政策会議を設置し、そこで政策案を政府側から説明し、また与党議員からの政策提案や意見を聞き、副大臣の責任で大臣に報告し、最終的には政務三役で政策案を策定し、閣議で決定する——という新しい政策過程の青写真を、ここで提示していた。

これは、政務三役および内閣が主体となって政策を決定するが、副大臣・政務官は与党議員らへ法案のつなぎ役をするという、小沢流の政府与党一元化の理解に則っている。そういう意味で、提示された各省政策会議は、従来あった政調会の部門会議とは似て非なるものだった。しかし現実には、こうした理解が民主党議員の間で広く共有されていたとはいえず、また結局は政策決定の場ではないことから、党に残った議員たちのガス抜きの場としてしか機能しなかった。

こうしたなかで、マニフェストで掲げた政策をどの程度どういう形で予算に落とし込むのか、また党内外の意見や利害をどう汲み上げ反映させるのか、明確なシステムが構築できないまま二〇一〇年度の予算編成の期限がいよいよ近づいてきていた。

小沢は二〇〇九年一一月頭までに陳情改革を断行した。自治体や業界団体からの陳情を、政府の政務三役や官僚ではなく、党の幹事長室が一元化して受け付けるようにした。そして一二月一六日、重要政策にかかわる予算の利害調整に手こずる鳩山内閣に業を煮やし、「重点要望」を手に、二〇余名の党側の議員を引き連れて首相官邸に乗り込んでいった。

一八項目に及ぶ重点要望には、高速道路無料化の実施や、事業団体が自民党の支持基盤となっている土地改良事業予算を半減させて農家への戸別所得補償の財源にするなど、参院選対策の色彩を帯びるもののほか、ガソリンなどへの暫定税率の廃止断念や、子ども手当への所得制限の導入など、マニフェストの目玉政策の重要な改変が含まれていた。小沢はこれを「党というよりは国民からの要望」と言って突きつけた。

鳩山内閣はマニフェストの政策を予算に盛り込みたくても、十分な財源を生み出すことができず、このとき予算編成は立ち往生していた。そこへ強引な手法ではあったが、マニフェスト項目である暫定税率廃止を断念して財源を確保する方策を示したことなどについて、小沢に助けてもらって予算編成ができたとの評価が聞かれた。だが一方では、「党は政策に関係しないはずだったのに、あそこからおかしくなった」（仙谷）、「マニフェストと異なることを自民党的なプロセスを経てやる、という印象を国民の間に広げてしまったのは否定できない」（福山哲郎）と小沢への批判も高まった。

このとき、政府と党の幹部が居並ぶなかで、小沢が怒りの矛先を向けていたのは元側近の藤井だったという。この後一ヵ月もしないうちに、藤井は体調不良を理由に財務相を辞任したのであった。

この一件は「政府と党、トロイカ体制が一致していないことの象徴的な出来事」（海江田）

であり、政府与党一元化が機能していないことを明らかに示していた。

政策調査会そして事前審査制の復活

そこで、菅は二〇一〇年六月に政権を引き継ぐと、ただちに政策調査会やその下部の部門会議を復活させ、玄葉光一郎を政調会長に任命、同時に国家戦略担当相を兼任とし入閣させた。「当初の構想に戻り政調会が動き出したので、党のなかもある程度内閣と一体化したが、それでも最後は内閣が決めてしまうので党には不満があった」と菅は振り返る。

そして野田内閣では、再び政調会長の閣僚兼任は解かれ、同時に自民党流の、党による事前審査制が登場する。二〇一一年九月一二日に党役員会で確認された「政策に係る党議の決定について」という文書とそれに付随する説明資料によると、総理大臣、官房長官、幹事長、政調会長、国対委員長、幹事長代行からなる政府・民主三役会議が政策に関する党議の最終決定を行うことにし、この決定権をあらかじめ政調会長に委任する形になったのである。

この新方式は「政策決定の政府一元化」と矛盾するものではなく「一元化の一形態」であると前記の文書は説明しているが、「実質的に完全な事前審査制」(松井)であり、「かなり自民党に似た仕組み」(細野豪志)になったのであった。政調会長を入閣させなかったのは、ねじれ国会のもとで難航する政党間協議を促進するためだったという。

実際にはこの仕組みは、消費税増税をめざす野田政権において、反小沢の急先鋒の一人であり、野田の方針を受け入れた前原を政調会長に置くことを前提に成り立っていた。「全員参加」「丁寧な議論」「迅速な決定」を題目に、長く不毛な議論を繰り返した末に、前原が党の一任を取りつけた形をとって事前承認を内閣に与えることになった。こうした事前審査の内実に納得しない議員たちは大挙して造反し、離党して新党を結成することとなる。

民主党が取り組んだ政府与党一元化構想の根本的な問題は、政府入りしないで党側に残る議員がどうなるのか、何をやるのか、あまり詰めていた形跡が見られないことである。

政策は政府・省庁のなかで決めれば済むものではなく、与党を含む国会における立法過程をくぐり抜けて初めて出来上がる。そのことについての認識の甘さが、政府与党一元化を実現できず、政権党の一体性さえ保つことができない失態につながったと考えられる。

アンケート調査において、民主党政権全般を通して、政府と党の関係が「あまりうまくいかなかった」（八〇％）、「うまくいっていなかった」（七％）との見方がほとんどだった。あるべき政府と党の関係についても、野田政権での政調会による事前審査を前提とした政府・民主三役会議での決定を支持する回答が四九％、菅政権での政調会長と閣僚の兼務が一八％、鳩山政権の政調会廃止と内閣での政策決定一元化が一三％というように、野党に戻ってからも意見が分かれている。

2 リーダーシップとフォロワーシップ

繰り返される代表選、収まらない対立

政府与党一元化を志したものの、試行錯誤の末に挫折したということは、とりもなおさず、政権党として物事を決めるための意思決定の仕組み作りに民主党は失敗したということであった。結果として、「その時々の人事によってかなり政策が変わる」(西村智奈美)ことになったのである。

属人的な色彩の強い意思決定システムになってしまったゆえに、今度は政策をめぐる意見の相違と「小沢対反小沢」に代表される人的な抗争が連動することになった。政策路線をめぐる対立が度重なる代表選を引き起こし、しかし代表選をいくら繰り返しても政策論争は決着せず、かえって相互不信を悪化させてしまった。

さらには、そこで融和的な人事を行おうと内閣改造や副大臣・政務官の交代を頻繁にすると、それがまた民主党政権としての政策の継続性を損ね、官僚依存傾向を強めるという具合に、負の連鎖に陥っていった。鳩山内閣は曲がりなりにも改造なしで九ヵ月踏んばったが、菅内閣は一年三ヵ月で二回、野田内閣は一年三ヶ月で三回も内閣改造を繰り返したのが、ま

さにそれであった。

民主党政権内で収束しない意見の相違は、党内での対立にとどまらず、広く国民の眼前で展開されるところとなった。閣僚ら政務三役が慎重に出演を控えるなかで、不満を抱えた無役の議員ばかりがテレビに出て、政権の応援をするどころか、政府批判を繰り返す状況が続いた。

とりわけ菅政権下で参院選に敗北した後は、党内に絶えず反対勢力を抱え、政権党として主体的に物事を考えて仕掛けていく態勢がとれなかった。東日本大震災後の二〇一一年六月には、野党の提出する内閣不信任案にあわや小沢らが賛成するのではないか、というところまで行ってしまった。

議論をまとめ、党として一致して行動できなかったのは、民主党の体質とも指摘された。「消費税にしてもTPPにしても大飯原発の再稼働にしても、延々と議論してもなお意見が分かれている。そういうなかで野田総理はじめ関係閣僚が相当苦しみながら決めても、俺は反対だと平然と言い放つ議員がいる。党のガバナンスの欠如だけでは片づけられない。議員一人一人の覚悟のなさの問題で、野党根性のままだといつまでもまとまらない」（岡田）

リーダーたちとフォロワーたちの間のこうした対立の激化は、「政治の本質」を見誤ったところから生まれていたのではないか。

「そもそも明確な論理や解答がない問題だからこそ政治の場へ持ち込まれているのに、若手ばかりか幹部さえ朝の四時まででも徹底的に議論すれば答えが出ると思い込んでいる節がある。議論することと、決定することと、納得することにそれぞれ違ったものがあるということが分かってない。だから消費税であんなことになった」（逢坂誠二）

総理案件の暴走

組織マネジメントの視点から考えたとき、フォロワーたちのモチベーションやインセンティブを適切に管理できなかったリーダーたちにも、責任があるだろう。しかも、政策目的の共有や党内規律の順守という点では、リーダーたちの言動にこそ大きな問題があったともいえるのである。

鳩山首相の普天間基地移設問題、菅首相の消費税増税発言、野田首相の社会保障と税の一体改革。三つとも「総理案件」と呼ばれる首相独自の最重要政策だったが、どれもマニフェストには記載されていなかった。「三人続けて非マニフェスト政策を総理案件としてしまった。選挙で投票してくれた人たちの期待に応える行動とはいえず、政権交代で何をするのか、トップを含めて意思統一ができていたか問われてしまう」（松本剛明）のである。

自らは消費税増税には慎重な意見であったにもかかわらず、政調会長として野田首相を支えつづけた前原は、「社会保障と税の一体改革はとにかくやる、という野田さんを代表に選んでしまった以上は仕方がない。野田さんが『一体改革、原発の再稼働、TPPの交渉参加入り、この三つをやりたいので政調会長として協力してくれ』と言ったので自分は了承した」と振り返る。

しかし、消費税増税をめぐって党は分裂に至った。

こうした野田首相の政策判断に対して、批判的な見解を示すのは必ずしも小沢陣営の政治家だけではない。「統治機構改革からすると、新しい公共への熱意はほとんどなかったし、政府・与党の二元体制に戻したのも野田さんのもとだったし、僕が民主党に託したものという意味では、野田さんはまったく自民党的・既存政党的な存在」と松井は言い切る。「消費税増税に賛成」「小沢グループとの分裂もやむなし」という立場の議員のなかからも、二〇一二年八月に社会保障・税一体改革関連法案が成立した後、翌九月に民主党代表として任期満了を迎えた際に退陣せず続投したことや、衆議院を解散するタイミングの判断や戦略のなさについて、野田を批判する声は数多い。

現実に政策を実施するわけではない野党時代が一三年間続いたなかで、党代表に多大な裁量権を与えてきてしまったのではないか。党の根幹政策を議論・修正・決定していく仕組みとして、政権党になってもあまりに代表選に依存しすぎたことが機能不全を起こした。また、マニフェストが一部の議員によって作られてきたことが示すように、政策議論を党内で積み上げていく経験も不足していた。「総理案件」を唐突に打ち上げ、党内の異論や反対を押しのけてでも推し進めることをもってリーダーシップと勘違いしているきらいが見られるのは、ある意味、郵政民営化に象徴される強引な小泉政治に対する憧れの裏返しではないか、との指摘も聞かれた。

しかし、パフォーマンスとして成功した小泉と異なり、暴走した三代の民主党総理たちは、本当に党をぶっ壊してしまった。

当選回数別の分析

相互にまったくかみ合わないリーダーシップとフォロワーシップという、民主党政権の組織マネジメントの失敗について、構造的・文化的要因をさらに探ってみたい。

二〇〇九年衆院選での圧勝によって、民主党は一気に一一二議席から三〇八議席へ膨れ上がり、その半数近い一四三名が新人議員であった。参議院においても過去最大の一〇九議席を有しており、結党以来経験したことのない四〇〇名を超える大所帯となった。

政権交代後の民主党衆院議員の当選回数別分布を改めて調べると、当選七回以上のベテランはわずか一九名であり、これを小沢（当選一四回）、菅（一〇回）、鳩山（八回）に匹敵するトロイカ世代と呼ぶことにする。最も当選回数が多い一四回の小沢、羽田孜、渡部恒三以外で、政権三年三ヵ月の間に入閣しなかったのは、このうち一人だけだった（本章での議員データは、『国会便覧』平成二四年二月版をベースに、二〇一二年二月現在の民主党所属衆院議員二九一名について鳩山内閣から野田第三次改造内閣まで通して調べたものである）。

これに次ぐ七奉行世代にあたる当選五、六回組（七奉行では、前原、仙谷、枝野、玄葉が六回、野田、樽床が五回で、岡田だけ七回）では、当選六回の一〇名のうち二名が副大臣にとどまった以外は全員が大臣ポストを経験した。当選五回の二〇名では、首相までのぼりつめた野田を含めた一三名が大臣、五名が副大臣となり、二名だけ政務三役入りを逃した。これをパーセンテージで示したのが図６－１である。

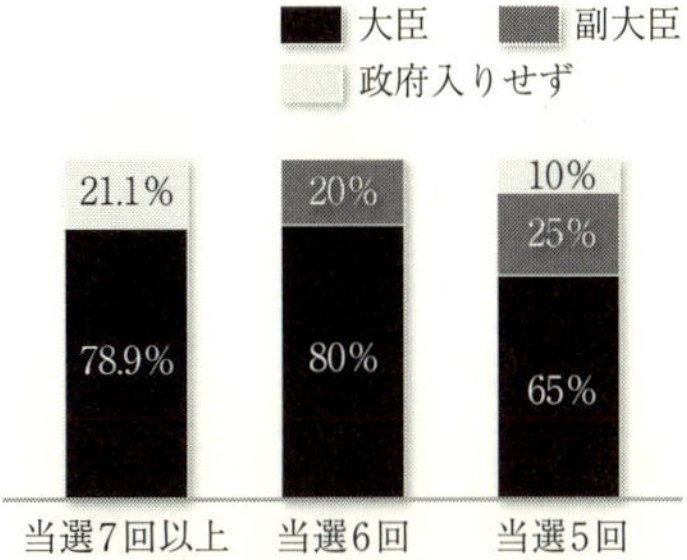

図 6-1　当選回数別の政務三役任用状況
（2009 年当時の当選 5 回以上）

つまり、トロイカ世代は超ベテラン三名を除くと、一六名中一五名が大臣に、七奉行世代は三〇名中二一名が大臣、七名が副大臣に就任した計算になり、当選五回以上・一四回未満の四六名のうち、大臣にも副大臣にもなれなかったのはわずか三名となっている。政権交代当初の衆院議員三〇八名のうち、当選五回以上の「格」をもつ者は一五％にすぎないが、このクラスの九三％以上が大臣もしくは副大臣となったのである。

こうした事情は、参議院でも同じであった。当選四回のベテランは江田五月《えださつき》、北澤俊美、直嶋の三名でいずれも入閣。当選三回の一二名では、大臣六名、副大臣四名、それに参院議員としては異例の党幹事長を務めた輿石東と参院議長に就任した平田健二となっており、無役で終わった者は一人もいなかった（参院議員に関しても二〇一二年二月現在のデータによったため、当選回数は二〇一三年参院選以前のものである）。

柳田《やなぎだ》稔、松本龍、田中直紀《なおき》、田中慶秋《けいしゅう》など、資質が疑問視された閣僚がたびたび政権の足かせとなったことは、このことと無縁ではないだろう。明らかに能力よりも年功序列ベースの人事が繰り返されており、衆院議員当選四回で大臣に抜擢されたのは、長妻昭、細野豪志、松本剛明、小宮山洋子（参院一回当選の経験あり）、松原仁、城島光力、三井辨雄《わきお》の七人にとどまった。三回では馬淵澄夫と中塚一宏《いっこう》の二人のみである。

人材の偏り

七奉行世代以下には、官僚・弁護士・松下政経塾の出身者が数多く、世襲議員の政党と化した感がある近年の自民党と比べれば、有能な政策通をそろえていたという評価も可能であろう。当選六回組では一〇名中四名（前原、仙谷、枝野、玄葉）、五回組では二〇名中一〇名

（野田、原口、平岡秀夫、古川元久など）がこの範疇《はんちゅう》に入る。

問題は人材不足というより人材の偏りにあったのではないか、という指摘がある。それぞれの政策分野に秀でたまじめな者がそろい、みんな一所懸命に仕事をしたがる傾向があったが、部分最適の総和が必ずしも全体最適になるわけではない。「みんながリーダーになろうとし、誰もフォロワーになろうとしない学級委員体質」（平田オリザ）が、組織マネジメントにとって致命的な欠陥となった。辻元清美《きよみ》は「自社さ政権時代の野中広務さんのように、政権維持のため泥まみれになる覚悟や執念、政治技術をもって調整にあたる存在がいなかった」（アンケート）ことが党分裂につながってしまったと悔やむ。

一九九六年に旧民主党が結党されて以来、一三年の野党暮らしを経てようやく政権を獲得したことから、みんなが政府入りしたがり、それぞれの政策分野でアクセルを踏み込んでしまう傾向があったとするとなおさらのこと、政策決定過程の交通整理を助けるような存在が党内に求められていた。しかし運転席に座ろうとする者ばかりがひしめきあい、党や国会で裏方として汗をかくような仕事は敬遠された。

真の対話なき組織文化

総じてトロイカ・七奉行世代のリーダーたちは、政府と党の間のコミュニケーションに積極的ではなかった。

「菅さん、小沢さん、鳩山さん、あるいはもう少し重鎮を何人か入れて、裏でコミュニケーションをとっていればよかったのに」（逢坂）という嘆息のような総括には切実なものがある。とかくその影響力が疑心暗鬼を呼ぶことの多い幹事長時代の小沢も、「自分から出ていくほうではなく、相談されたらそれに答えるだけで、そもそも鳩山総理からあまり相談されなかった」（鈴木克昌）という。

これは、党全体の組織文化でもあり、「自説にこだわらずというか、少し引いてでも協力をしていくという文化がない」（北澤）という問題でもあった。「党内に対話がなかった。多数派のほうが物事を決めたら、少数派を折伏《しゃくぶく》する、圧服する。したがって消費税の問題もほかの問題も、執行部で決めたら後は抑え込む」という厳しい見方をする閣僚経験者もいた。

ヒラ議員たちの疎外感

政策調査会に代わる議論の場が党内に設けられたのは確かだが、実質的な政策決定過程に参画できたわけではなく、当選回数の少ない若手たちの間では不満がたまっていった。

民主党版の当選回数主義は、衆院議員でいえば当選三、四回生を中心とした副大臣人事、当選二、三回生を中心とした政務官人事にもはっきりと表れていた。

当選四回では、先に触れた大臣となった七名以外は、一七名が副大臣（官房副長官を含む）、二名が政務官となっており、総勢二七名中、政務三役入りしなかったのは一名だけだった。また四八名いた当選三回議員では、大臣は馬淵と中塚の二名、副大臣が一九名、政務官二二名、首相補佐官二名。最後まで政府入りを逃したのは三名であった。三回生で無役に終わった三名のうち二名は離党している。

当選二回生は総勢三四名で、副大臣一名、政務官二四名。政務三役経験なしに終わった九名はいずれも小沢グループで、のちに離党した。二回生で離党したのはこの九名だけだったが、さらなる離党をくい止める狙いもあり、野田第三次改造が行われた際には、政務官を未経験だった残りの二回生全員を一ヵ月半だけだったが政府入りさせたのであった。

当選一回の一三三名からでは、一名が官房副長官（参院二期も経験あり）、五名が政務官となったのにとどまり、このうち参院一期の経験もある一名を除く四名は、野田第三次内閣すなわち実質一ヵ月半だけの政務官経験にすぎない。そして一回生の三割を超える四一名もが、最終的に離党・議員辞職していく。図６－２は、こうした当選回数別の政務三役などへの任用状況をパーセンテージで表示している。

民主党議員の過半を占めていた当選一、二回生は、当選前のキャリアや政策能力に自負があっても、政務官になれたところで長くて一年程度。ほとんどの場合はヒラ議員として政策

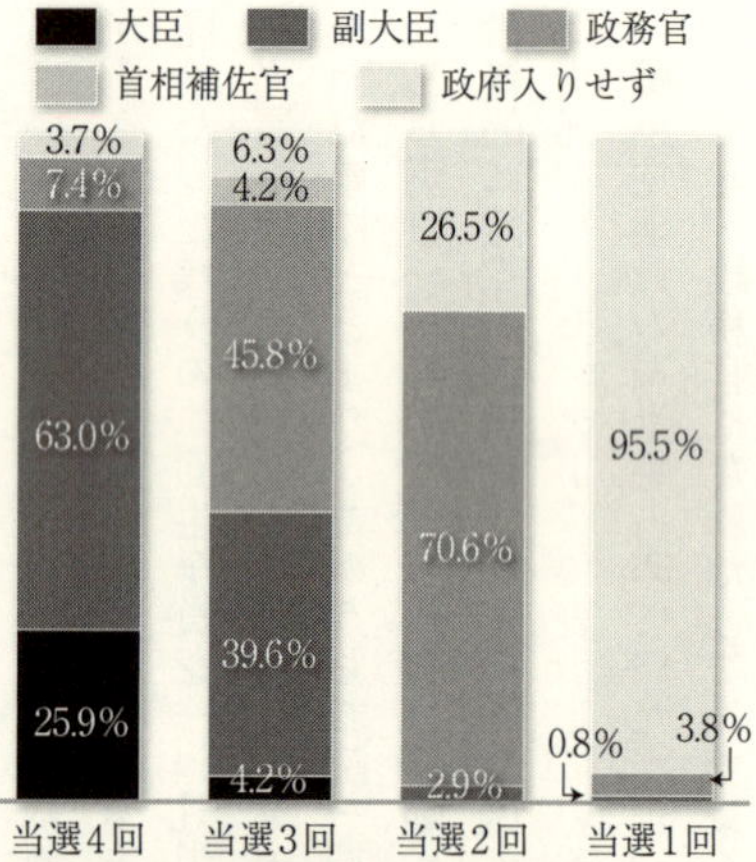

図 6-2　当選回数別の政務三役等任用状況
（2009 年当時の当選 1〜4 回）

決定を党側から眺めているほかなかった。

他方で、トロイカ世代であればほとんど誰でも大臣になれ、七奉行世代の多くが大臣・副大臣、あるいは党の要職を次々と務めている現実があった。財務副大臣、財務相、首相と常に政権の中枢にいた野田は極端な例であるにしても、ヒラ議員たちとの乖離は著しい。

このことは野田自身も、「ずっと政権にいて、党内の空気の把握が少し弱かったと思う。政権のマネジメントよりも党のマネジメントのほうが結局難しかったし、そちらにエネルギーを注ぐことになった」と率直に認めている。またアンケートでも、回答者の九五%が政権時代の党運営は「あまりうまくいかなかった」（六四%）、ないし「うまくいっていなかった」（三一%）と振り返っている。

「日向組」と「日陰組」の乖離

民主党政権三年三ヵ月の間、政府や党の要職（大臣・副大臣、幹事長・政調会長）に長かったのは、岡田（野田政権誕生時に幹事長を退任後、四ヵ月余りのブランクのみ）、前原（在日外国人献金問題で外相辞任後、半年弱のブランク）、枝野（約八ヵ月のブランク、幹事長代理も要職に含めれば五ヵ月）、玄葉（鳩山内閣の約九ヵ月はブランク）、古川（約一一ヵ月）などであり、次いで細野らとなっている。

これら民主党政権で陽のあたる道を歩んだ者たちは自らの選挙に強く、二〇〇五年の郵政選挙も二〇一二年の壊滅的敗北でも、衆院選を小選挙区で勝ちあがってきている。選挙に強く議員として経験を積んできたから要職を任された。政権の中枢にいつづけたから二〇一二年の選挙でも強かった。そのどちらも事実なのであろう。

このため、民主党の大半を占めていた、当選回数が少なく選挙に弱いヒラ議員たちとの認識の乖離は広がっていった。

「明らかに失敗している人間が左遷されることなく、また別のポストで浮かび上がってくる。これではガバナンスも何にもない」（東）、「人事の面でも、自分たちの仲間内で回していた」（鈴木）という小沢グループからの批判が、党内でそれなりに浸透していった。

このような民主党政権の「日向組」と「日陰組」の乖離が、マニフェストと消費税増税をめぐる決定的な対立と分裂へと発展した一つの要因ではなかったか。

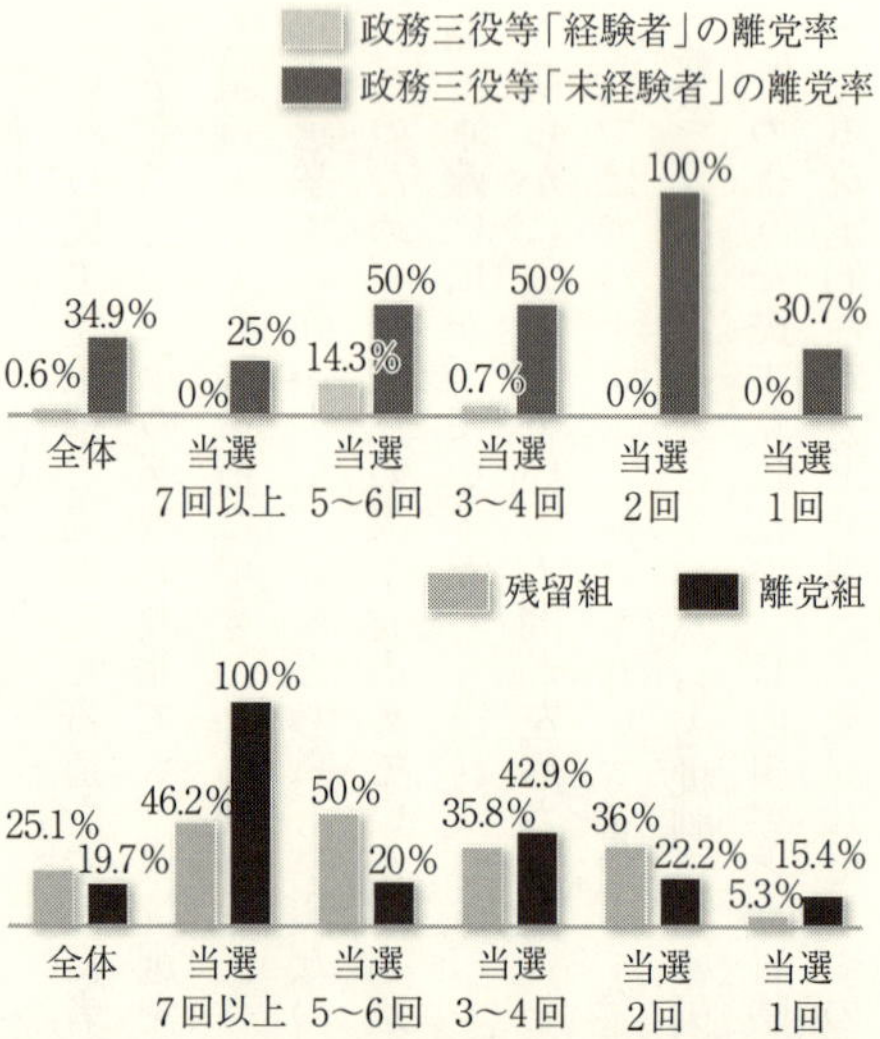

図 6-3（上）　**政務三役等経験者・未経験者別の離党率**

図 6-4（下）　**民主党残留組・離党組別の再選率**（2012 年衆院選）

単純にいってしまえば、「日向組」はマニフェストの実現を追求せず消費税増税を決行しても当選できる議員たちであり、マニフェストの履行が無理なら政策を変えようと考えたのに対して、マニフェストのおかげで初めて勝った一回生を中心とした議員たちは、マニフェスト違反が続けられるのを認められなかったのである。

まず図6－3を見れば、政務三役など（総理大臣補佐官を含む）の経験者と未経験者で、離党率に大きな違いがあることが分かる。

さらに図6－4が示すように、二〇一二年衆院選での再選率も、当選回数によって大きく異なっている。

当選七回以上では、離党したのが小沢一郎だけなので離党組は一〇〇％当選だったが、

「日向組」を含む七奉行世代（当選五～六回）では、民主党候補の再選率は五割だったのに対して、離党して小沢と日本未来の党へ合流した四名は全敗。唯一、日本維新の会に加わった小沢鋭仁《さきひと》が比例で復活当選した。つまり離党組の再選率は二〇％で、明暗がはっきりしている。実数でいうと、民主党の二四名のうち一二名が再選を果たし、このうち八名が小選挙区を勝ち抜いている。まさに「日向組」は選挙に強かった。

これに対して、当選三～四回生では結果が逆転し、民主党に残ったことの優位性は失われている。当選二回生に関しては再び民主党残留組に有利な結果となっているが、先にも見たように離党組九名は政府入りできていないことを考えると、残ったとしても再選可能性が上がったとは考えにくかったものと思われる。

何よりも民主党の失敗を示すのは、一回生の帰趨《きすう》である。新人議員であるため再選率が低いとはいえ、離党したほうが残留した場合よりも三倍近く再選率が高かった。実数にして見るとさらに驚くべきことに、三九名の離党組のうち六名が再選を果たしたのに対して、九四名の残留組からはそれを下回る五名しか再選者を出せていないのだ。

さらに、民主党に残った新人議員で再選されたのは、全員が官僚出身者であった（参院事務局職員で外務省出向経験もある大西健介を含む）。彼らの再選率は三三・三％で、一回生としてはきわめて高く、政務官経験を得て民主党に残った二回生と同じレベルである。やはり政府に近いほうが再選率も高い傾向になっており、そうでなければ離党したほうがまだまし、という結果になってしまっている。

このような状態であったなら、党議で決めたことに従うようフォロワーシップを求めても、説得力をもたなくなっていたことは容易に想像できる。リーダーには、進むべき方向を示すと同時に、フォロワーたちを守り、党をしっかりと存続させていく責務がある。自民党のように派閥や族議員の序列に基づいた秩序が稀薄なことは民主党の長所だが、リーダーがフォロワーたちを守れないようでは組織がもたなくなる。

野田民主党は消費税増税の法律を成立させた後、これといった再選戦略がないままに、惨敗が必至だった解散・総選挙へ突入していった。選挙結果について野田は、「厳しいとはいえ、願わくば一〇〇ちょっとは行ってほしいと思っていた」と明かしたが、解散時の二三一議席から五七議席まで激減した結果と照らし合わせてみて、党全体の命運に対する責任感を欠いていたといわざるをえない。

藤井裕久の役割

最後に、消費税の増税に果たした藤井裕久の役割に注目したい。藤井は野党時代、小沢主導で消費税増税への言及がマニフェストから消えていった段階で、「政権をとったら財源などいくらでも出てくる」と同調し、反対論を封じていた。自民党時代から小沢とともに歩んできた藤井は大蔵官僚出身で、財政・税制問題について党内一の権威であったので、藤井を前に何も言えなくなったと打ち明ける証言は複数あった。

しかしその藤井が、鳩山首相によって「万事お任せします」と財務相に任命されるや否や、豹変《ひょうへん》した。首相の当初の人事方針を覆してまで、消費税増税論者の野田と峰崎直樹を財務副大臣に、元財務官僚の大串博志らを政務官に任命することに固執したのである。「財務相就任時に、消費税増税はもちろん絶対にやらなきゃいけないと考えていた。表向きはともかく、マニフェストどおりにやるのは無理だと初めから思っていた」と藤井は明かした。

二〇〇九年一二月の予算編成で小沢が党の重点要望を政府に突きつけたとき、藤井を「政治主導になっていない」と面罵した背景には、このような事情があった。結果として、次の菅内閣で野田が財務相へ昇格し、続く内閣改造で菅が、麻生内閣の財務相であった与謝野馨を社会保障・税一体改革担当の経済財政担当相として入閣させると、藤井は与謝野の補佐のために官房副長官（のちに首相補佐官）として再び政府内に戻った。

そして野田が首相になると、「世間であまりに関係が近いといわれているので控えめにしていたが、週に一度ぐらい行って世間話をしていた」という。なぜ野田が勝算のないままあのタイミングで解散・総選挙に打って出たのかについて、藤井の考えをたずねると、「消費税増税に協力してくれた自民党に対する恩義ではないか」、と答えた。

二〇一二年八月に増税の法律は成立したが、社会保障はほとんど手つかずであり、社会保障改革については民主・自民・公明の三党で協議していくことが合意されていた。衆院選で敗れ野党に戻ると覚悟していた野田も、選挙後については、「社会保障と財政は、自公と共通の土俵できちんと政策議論ができる。それを皮切りに、安全保障も含めて三党協議の場をもっと作れれば、政治が安定するのではないかという思いがあった」と胸のうちを語っている。

衆院選で下野した後について、対決する与野党という構図ではなく、三党が是々非々で建設的に話し合っていく姿を思い描いていたわけで、「三党による連立政権」という選択肢さえ野田の頭にはあったにちがいない。「消費税について、自民党と民主党は協力という言葉以上の一体的な関係があった」と振り返る藤井の見方と一致している。

だが、その期待は甘かった。政権を奪い返した安倍自民党は、その後も民主党に対して徹底した批判の手をゆるめる気配はなく、建設的な協議に入る可能性はどんどん小さくなっていった。民主党は、消費税増税という将来の財源を自民党政権へプレゼントしたうえに、二〇一三年参院選の結果、二大政党の座すら危うい状態にまで追い込まれてしまった。

焦土の教訓

水一滴残さぬカラカラの空気のなか、強い日差しにさらされた油が自ら引火したかのように、民主党が分裂した末に残ったのは焼け野原のような光景である。ここを再び草木の生える肥沃の大地にできるかは、この失敗からいかなる教訓を学ぶかにかかっている。

小沢の存在や行動を政権党ガバナンスの失敗の要因として過度に強調することは、本質的な問題から目をそらすことになってしまう。民主党ないしそれに代わる政党が将来また政権交代を成しとげることがあるなら、そのとき再び経験の浅い新人議員たちを大勢抱え込むことになるのは確実である。また、二大政党制の一角を占める党を再び育てるには、民由合併のように水と油を混合する大同団結が不可欠となるだろう。

「日向組」と「日陰組」の相互離反は、反小沢グループ対小沢グループという属人的な対立に矮小化《わいしょうか》できるものではない。政権党の議員全員が政府入りできるわけではない以上、派閥や族議員の統率力に党内ガバナンスを頼らない改革政党は、政府与党が一丸となれる党内制度と組織文化を作るという課題を必ず乗り越えなくてはならない。

まずは、人事や代表選に過度に頼らない党内の意思決定システムを作り、リーダーシップとフォロワーシップをともに強化することが欠かせない。そのためには、政権獲得前であれ後であれ、党として追い求める主要政策の策定プロセスを、もっとオープンな参加型に変えていく必要がある。また、政策を政府内だけで決められるかのような頭でっかちな思い込みと決別し、広く国民や党、国会に目を配りつつ、立法過程を引っ張っていけるようなリーダーを育てていかなければならない。

政策論争が人事対立に直結するような未熟な組織であるかぎり、さまざまな困難に直面するなかで政権運営を行うことは不可能であり、党としての存続さえ危うい。

参考文献

青木理・辻惠・宮崎学『政権崩壊』角川書店、二〇一三年
『国会便覧』平成二四年二月新版（一三〇版）日本政経新聞社、二〇一二年

第7章　選挙戦略——大勝と惨敗を生んだジレンマ

フィリップ・リプシー

民主党は本質的に異なる二つの戦略のもとで、政権獲得から政権転落へという激動の選挙を戦った。

創設時からのメンバーを中心とした議員たちは、開かれた改革政治を掲げることで、一般有権者からの支持を得て選挙に勝利することをめざした。

他方で、小沢一郎を中心とした議員たちは、現実的かつ緻密な選挙戦略を展開し、自民党の伝統的な支持基盤を取り込んででも選挙に勝つことをめざした。痛みより恩恵を強調したマニフェストを掲げ、予算の見返りを約束することで、自民党支持層の利益団体や地方の有権者に狙いを定めたのである。

二〇〇七年参院選と二〇〇九年衆院選では、この戦略がうまく機能した。改革志向をもつ都市の浮動票に加え、伝統的な自民党支持層の票も取り込んで民主党は勝利を収め、政権を獲得した。

ところが政権につくと、民主党はさまざまな矛盾に苦しみ始める。小沢グループは、自民党支持層からも票を得て当選した大量の新人議員を擁して、改革派とたびたび衝突するようになり、二つの戦略の違いが表面化してきた。その後、民主党は二〇一〇年七月の参院選で敗北し、その結果生じた「ねじれ国会」で自民党に主導権を奪われて、政権運営が著しく困難になる。そして、消費税増税をめぐる対立から小沢グループが離党し、ついには二〇一二年一二月の衆院選で壊滅的な敗北を喫して、民主党はわずか三年三ヵ月で政権から転落したのである。

だが、それらの敗因は、小沢と反小沢の対立だけにとどまるものではなかった。事態はより深刻である。これまでの章で見てきたように、そこにはマニフェストおよび財源問題、党内ガバナンス、基本理念などにかかわる、さまざまな矛盾が反映していたのであった。

本章では、政権獲得へ前進した二〇〇七年参院選から、政権を転落する二〇一二年衆院選まで、民主党の選挙戦略の成功と失敗を時系列にそって検証していく。その際は、選挙の事細かなデータを追うのでなく、時々の民主党議員の認識に着目する。そこから、民主党の実像に迫り、広く近年の日本政治そのものに潜む問題を考察していく。

1　二〇〇七年と二〇〇九年の勝因

風だのみから「川上戦略」へ

民主党が政権獲得へ大きく前進したのは、二〇〇七年七月の参院選であった。大勝して参議院での第一党へ躍進し、野党を合計すると参議院の過半数を獲得したからである。これにより衆院と参院で多数派が異なる「ねじれ国会」を実現させ、自公連立政権を追い込んでいった。

それまでの民主党は、郵政民営化を争点に掲げた小泉純一郎政権による二〇〇五年九月の衆院選で惨敗を喫したことで、低迷を続けていた。潮目が変わったのは、二〇〇六年九月に小泉後継の安倍晋三政権が登場してからである。

安倍政権は発足してほどなく、郵政民営化法案に国会で反対票を投じて自民党を除名されていた造反議員たちを復党させたため、小泉時代の改革方針を後退させたと有権者に受け取られた。そして不祥事や失態による閣僚の辞任が続いたところに、五〇〇〇万件にのぼる年金の記録漏れという積年の失政が明るみに出たのである。戦後の政権を長く担ってきた自民党への幻滅がふくらみ支持率が急降下していくなか、民主党はこの問題を徹底的に追及することで改革政党としてのイメージを回復することに成功した。

もっとも、民主党は改革イメージの回復だけで参院選に勝利したわけではない。小沢一郎による選挙戦略は重要であった。二〇〇三年九月に民主党が小沢率いる自由党と合併した民由合併から、しばらく小沢は「一兵卒」に徹していたが、〇六年四月に代表に就任すると、農協や建設業界といった伝統的に自民党支持の利益団体を揺さぶりにかかったのである。農家への直接的な戸別所得補償などで積極的な補助金支出を提示し、とりわけ民主党が苦手としていた地方での支持を増加させた。

この選挙戦略は、自民党への対抗策だけが狙いだったのではない。地元に密着した選挙戦術を身につけていない民主党議員に、地方を重視したいわゆる「川上戦略」を持ち込み、徹底した支持基盤固めの重要性を認識させたのである。民主党はそれまで独自の支持層をつかむことにあまり力を入れず、選挙戦においては主に都市浮動層による追い風だのみに陥りがちだった。

その効果は、党内で次のように受け止められた。「いなかでの会話の伝達速度はすごい。特に市街地から遠い農村地帯は、娯楽もなく高齢者が多い地縁血縁の社会なので、そこまで行って演説すると、感動して離れて住む息子・娘夫婦や知り合いに即座に電話して、あっという間に伝播する」（直嶋正行）。多くの民主党議員が目を向けてこなかった手法だった。

党内に抱え込んだ矛盾

ただし、地方の有権者など自民党の支持基盤を標的にした選挙戦略を成功させたことで、民主党は多くの矛盾を党内に抱え込むことになった。都市と地方、あるいは浮動層と利益団体がそれぞれもつ志向性は、大きく異なるからである。この矛盾は、民主党だけに限ったことではない。近年の日本政治全体を覆う問題でもある。

実は最初にこの矛盾に直面したのは、構造改革を掲げた小泉政権が郵政総選挙で大勝した後の自民党であった。小泉は自ら「自民党をぶっ壊す」と叫んで、郵政をはじめとする既得権を重視した旧来の自民党政治を根底から変えると訴え、改革を期待する都市有権者や浮動層の心をつかんだ。この選挙戦略は自民党に大勝をもたらした一方で、建設業界、全国特定郵便局長会（現全国郵便局長会）、農協など、主に地方に根を張る利益団体を揺るがした。これはやがて「地方疲弊」「格差社会」などの批判を呼び起こし、自民党の伝統的な支持基盤は流動化していった。

小沢民主党は、これを大きなチャンスと捉えた。小沢の「川上戦略」は、小泉自民党が旧来の支持基盤を見捨てて新たに都市浮動層を獲得しようとしたのを見て、逆に地方や利益団体といった自民党支持層に手を伸ばし、都市浮動層を主体にしていた民主党の支持基盤を広げようとしたものであった。

参院の選挙制度のゆがみ

二〇〇七年参院選で民主党を大勝させた要因として、もう一つ見逃せないのは、参議院の選挙制度の特殊性である。

三年ごとに議員の半数（一二一）を改選する参議院は、全国一本の比例代表制と、都道府県単位の選挙区に分けて選出される。問題は都道府県単位の選挙区にある。選挙区の議席数七三を四七都道府県へ割り振っていくが、まず各都道府県へ一議席ずつ分けると、二六議席しか残らない。戦後一貫して都市部への人口集中が進み人口差が著しく開いているため、二六議席を人口の多い都道府県へ回しても、一議席あたりの有権者数に大きな格差が生じてしまう。人口が多い一八都道府県は二～五議席の中選挙区であるのに対し、人口が少ない地方の二九県は「一人区」と呼ばれる小選挙区になっている。

この結果、参議院は「一票の格差」が最大五倍と大きく開いており、地方の議員が過剰な割合で選出され続けているのである。定員一人の小選挙区が三〇〇ある衆議院が、有権者数に応じて選挙区の線引きをまだ変更しやすいため、一票の格差が最大二倍ほどに抑えられているのとは対照的だ。

そのうえ、複数議席の中選挙区では一党が議席を独占することは少なく、選挙ごとの議席変動も小さくて比較的安定しているのに対して、一人区では選挙結果が変動しやすく、「風」を受けた党がどの選挙区も総どりしてしまう可能性が高くなる。つまり参院選は、有権者の少ない地方の一人区での票の行方が、選挙全体の勝敗を過剰に左右するゆがんだ構造になっているわけである。

民主党の川上戦略は、このことを熟知した小沢が打ち出したものでもあった。政権獲得へ前進するために、まず参院選で一人区の地方有権者に恩恵を与える道を選んだ。

二〇〇七年参院選の結果は、一二一の改選議席のうち、自民党の三七議席に対して、民主党が六〇議席を獲得するという圧勝劇であった。民主党は非改選を含めると一〇九議席となり、過半数には及ばないものの、自民党八三と公明党二〇を足した与党の一〇三議席を上回った。二九県の一人区では一七県を制し、自民党の六県を大きく引き離した。小沢の戦略がずばり当たったのである。獲得票を見ても、民主党は比例代表、選挙区ともに、自民党を上回った（表7－1）。この敗北がダメージとなり、安倍は九月に首相退陣を余儀なくされたのであった。

表7-1　2007年参院選における獲得票・獲得議席および割合　（投票率58.6%）

	選挙区（定数73）		比例代表（定数48）		合計議席（改選121）
	獲得票（万）	獲得議席	獲得票（万）	獲得議席	
民主党	2400.7 40.5%	40 54.8%	2325.6 39.5%	20 41.7%	60 49.6%
自民党	1860.6 31.4%	23 31.5%	1654.5 28.1%	14 29.2%	37 30.6%

政権獲得

与党を参議院での過半数割れに追い込んだ民主党は、野党勢力を取りまとめ、「ねじれ国会」を利用して、自民党政権を徹底的に追い込んでいった。衆院とほぼ対等な権限をもつ参院で、政府提出の法案や人事案件を次々に否決したため、法案の成立率は大幅に低下し、自公政権は立ち往生する。安倍の後任の福田康夫首相は、就任からわずか一年の二〇〇八年九月に辞任したとき、辞任の理由に「ねじれ国会」での困難をあげて嘆いた。その後任の麻生太郎政権になって、民主党はさらに勢いづいた。

こうして二〇〇九年八月、民主党は総選挙で圧勝し、五〇年以上にわたる自民党の一党優位体制を終焉させたのである。獲得議席は、自民党の一一九議席と公明党の二一議席に対して、実に三〇八議席であった。獲得票で見ても、民主党は、比例代表と小選挙区ともに自民党を大きく上回った（表7－2）。

「予算の総組み替え」「コンクリートから人へ」といった選挙戦のスローガンは、都市の浮動層の改革志向に効果的に訴えた。それだけでなく、

表7-2　2009年総選挙における獲得票・獲得議席および割合

（投票率69.3%）

	小選挙区（定数300）		比例代表（定数180）		合計議席（定数480）
	獲得票（万）	獲得議席	獲得票（万）	獲得議席	
民主党	3347.5 47.4%	221 73.7%	2984.5 42.4%	87 48.3%	308 64.2%
自民党	2730.2 38.7%	64 21.3%	1881.0 26.7%	55 30.6%	119 24.8%

二〇〇七年参院選からの小沢の選挙戦略は引き継がれ、的確に地方有権者の支持を集めた。例えば、全国の三〇〇小選挙区のうち、人口密度が低いほうから一〇〇の選挙区を見ると、自民党の四二議席に対し民主党は四九議席を獲得し、勝利を収めたのである。

もっとも、この総選挙は、「民主党が勝ったというより自民党がこけた」（岡田克也）ものであった。自民党は、安倍、福田、麻生と一年ごとに首相が交代して、小泉政権期に最高四四%もあった政党支持率は、選挙直前には二三%まで下落していた（以下、本章の支持率データはNHKの政治意識月例調査による）。逆にいえば、民主党はやみくもに支持基盤を広げなくても、選挙に勝利できた可能性は高い。むしろ、過剰に支持基盤を広げすぎたことで、政権獲得後の民主党は党内ガバナンスとマニフェストの矛盾に直面していくのである。

小選挙区制がもたらしたもの

一九九四年に衆議院に導入された小選挙区制は、政治改革の中核をなすものであった。自民党の一党優位体制から脱却し、野党勢力の結集を促して政権交代を可能とすることをめざしていた。一選挙区で一人を選ぶ小選挙区制は、大量の死票を生むものの、民意の変化を拡大して議席数へ反映させる特徴をもつため、政権交代につながりやすい。そこから躍進してきたのが、民主党であった。

日本では、衆院四八〇議席のうち一八〇議席は比例代表制として、三〇〇議席の小選挙区と並立させる方式を取り入れ、選挙結果の振れをそれなりに抑制する仕組みにしてある。しかし、新制度導入から一〇年ほどたってからその特徴がきわめて強く表れはじめ、過剰な勝利から過剰な敗北へのスイングをもたらすようになってきた。

小選挙区に限ってみると、二〇〇五年の衆院選で自民党は、四八%の得票で七三%の議席を獲得し、二〇〇九年の衆院選で今度は民主党が、四七%の得票で七四%の議席を獲得した。そして、二〇一二年衆院選では、またもや自民党が四三%の得票で七九%もの議席を得たのである。

米イェール大学のデイヴィッド・メイヒューが指摘するように、このような一つの政党による圧勝劇は、政党間の対立を政党内の対立へと転化させる傾向がある。全選挙区の四分の三を代表するということは、それだけ多様な意見や思想をもった大量の議員を政党内に抱え込むことになる。また、多様な意見や利害関係をもつ有権者の支持をすべて集めないと、次の当選がおぼつかないと議員は考えるようになる。このため、政策を調整してまとめるのが困難となる。これは民主党だけでなく、前述したように、郵政選挙に大勝した後の自民党政権のときからすでに顕著に現れている問題である。

さらに小選挙区では、各候補が築きあげた能力や業績よりも、所属する政党が追い風を受けているか逆風にさらされているかで、選挙結果が大きく左右される。その結果、過剰な敗北により有力なベテラン議員ですらいとも簡単に落選する。その一方で、「小泉チルドレン」や「小沢チルドレン」に象徴されるように、能力や業績が定かでない新人議員が大量に当選するのである。

とりわけ二〇〇九年衆院選後の民主党では、一四三名にものぼった新人議員の多くは、選挙活動や政治資金などで小沢にいろいろ世話になって当選したがゆえに、党内ガバナンスに甚大な影響を及ぼした。その多くは小沢グループに入り、政府に入れず党の要職にもつけないヒラ議員として不満を募らせ、自民党に対してではなく、党内での対立に多くのエネルギーを注いでいった。

支持基盤を効果的に固めていなかったことも、党内の動揺と対立につながっていった。多くの新人議員たちは「風で当選しているので、地元で本当に有権者と交流できていなかった」（岡田）。追い風が逆風へ変わり始めると、こうした新人議員たちは次の選挙が心配になって浮き足立ち、小沢の選挙戦略に誘われて民主党に接近してきた利益団体の固定組織票がまぶしく映ってくる。

「支持団体も何ももたない人たちだから、ある団体が民主党を応援すると言ったら、その団体を擁護する動きばかりが目についた。そんな一年生議員ばかりでは、本当の改革は程遠い」（安住淳）。改革派と小沢グループの対立ばかりがめだって「何も決められない政党」とのレッテルを貼られ、大量の離党を生んだ背景には、こうした要因があったのである。

マニフェストの矛盾

小沢の選挙戦略は、二〇〇七年の参院選から民主党のマニフェストにも重大な影響を及ぼした。消費税増税の文言が消えた一方で、農家への戸別所得補償や上積みされた子ども手当など、政策について具体的な数値が盛り込まれ、必要になる財源が膨張した。

これをもって、小沢の戦略は選挙に勝つためには手段を選ばないものだった、とする党内からの批判は根強い。民主党の改革志向に逆行するもので、自民党的な利益誘導政治の移植だと映ったからである。「自民党の支持層を民主党へ移すだけで、日本の古い既得権にチャレンジするという感覚がなかった。むしろ、民主党を支持するのなら補助金をつけてやるという手法」（安住）。

こうした対立が、改革派が小沢グループを排除していった根底にはあったと思われる。国土交通相を務めた前原誠司は次のように語る。「トラック協会なんかを小沢グループが押さえていて、衆議院の国土交通委員長も小沢系。いうとおりにしなかったので、与党でありながら政府の出した法案の審議をサボタージュして一切応じなかった」。

支持基盤を広げるために財源を膨張させたマニフェストは、二〇〇七年と〇九年の選挙で勝利を民主党にもたらす原動力となった。それが同時に、政権から転落する決定的な要因になったことは、第1章でくわしく述べた。

そうだとしても、そもそも二〇〇三年九月の民由合併はしょせん「水と油」だったのか、また、小沢の選挙戦略なしに民主党は政権獲得を果たしえたのだろうか。批判することは簡単かもしれないが、それに代わる答えを見出すことは簡単ではない。実際、川上戦略は「効果抜群」（細野豪志）のものとして党内で評価されていたのである。

ともかくも、民主党は利益団体に急接近して勝利し、自民党の伝統的な支持層が根強い地方の選挙区から選出された大量の新人議員を抱え込んだ。それは、改革政党としてのアイデンティティーを揺るがし、さまざまな矛盾をも抱え込むことにほかならなかった。その矛盾はやがて党内対立として表面化し、そのほころびは二〇一〇年七月参院選での敗北で決定的なものになっていく。

2　二〇一〇年の参院選と「ねじれ国会」

政権転落の始まり

当プロジェクトが行ったアンケートに対し、多くの民主党議員は、三年三ヵ月の政権のなかで最も重要なターニングポイントとして、二〇一〇年七月の参院選敗北をあげている。敗因はいくつもある。小沢と鳩山由紀夫の政治資金問題が改革イメージを損ねたこと、民主党のマニフェストの多くが財源的に実現不可能であることが印象づけられたこと、そして、米軍普天間基地の県外移設問題の挫折で鳩山が選挙直前の六月に突如として首相を辞任したこと、などがあげられるだろう。

しかし、アンケートで八二％もの民主党議員が敗因にあげたのは、後継首相となった菅直人が就任直後に消費税増税を打ち出したことと、その後の対応である。二〇〇九年衆院選では、鳩山が今後の四年間は消費税を増税しないと明言し、マニフェストにも増税は明記されていなかったにもかかわらず、菅は参院選のマニフェストを急遽変更して「今すぐやること」として消費税に関する記述を盛り込み、税率を一〇％へ引き上げていく案に記者会見で言及した。

菅にしてみれば、新政権の目玉政策が欲しかったのかもしれない。だが、いかにも唐突な発表であった。「わずか三日で鳩山マニフェストを菅マニフェストに変えるという荒わざを、ほとんど寝ずにやった。反省ばかりではだめ、未来に向かったものにしよう、ということで菅さんが持ち出したのが消費税とTPP（環太平洋経済連携協定）だった」（細野）。

伏線はあった。ちょうど世界同時不況からギリシャの債務危機が発生していた二〇一〇年の二月に、菅は鳩山政権の財務相としてG7に出席している。深刻な財政赤字を抱え、危機に陥ったギリシャの姿は、菅の目には他人事と思えなかった。「一週間ほどの出張から帰ってきて驚いた。菅さんの口からそれまで聞いたことのない『ソブリンリスク』という言葉が出てきた。それが消費税につながる。官僚から海外出張がチャンスと聞いていたので、これは財務官僚による洗脳の典型的な例だと思った」（逢坂誠二）。

菅自身にも慢心があった。就任後の最初の世論調査で、菅政権は実に六〇％の内閣支持率を示し、民主党が独自に行った調査では、翌月に控えた参院選で六〇議席の勝利という予想が出ていたのである。「もし四〇％台とか、各選挙区で競っている微妙な情勢だったら、多分そんな危険な行動には出なかった」（安住）。

ただし、このことを菅のパーソナリティーだけから説明するのは適当ではない。そもそも、政権の命運がかかった重要な国政選挙を左右するほどの案件である消費税増税について、なぜ、党首がいかにも唐突な発表をなし得てしまうのか。これは、党の体質にかかわる問題だからである。菅だけでなく、前任の鳩山は普天間基地の県外移設を、菅後任の野田佳彦は社会保障と税の一体改革を首相案件として打ち出し、結局は党勢の低落へとつながっていった。

唐突な消費税増税公約

菅は代表選の出馬会見で、政治資金問題で民主党の幹事長を辞任した小沢に「しばらく大人しくしてもらう」と述べ、脱小沢路線を打ち出した。これで民主党本来の改革志向の復活をアピールできた代わりに、小沢グループとの対立は決定的となった。参院選後の九月の民主党代表選では、小沢が菅の消費税増税への姿勢を「マニフェスト違反」と激しく批判して出馬した。小沢は敗れたものの、ここから党内の亀裂はさらに深刻化していくのである。

消費税を一〇％にする案は、もともと自民党が参院選の公約として発表していた。参院選マニフェスト発表の記者会見で、増税の幅について問われた菅が、とっさに「自民党が提案している一〇％を一つの参考にしたい」と答えたことから、「消費税一〇％」が菅政権の選挙公約となった。菅には、「自民党と同じ政策をいえば相討ち（プラスマイナスゼロ）になるという考え方があった」（直嶋）とも指摘される。

消費税増税の発表で支持率が急落し始めたことに焦った菅は、やはり唐突に低所得者層への税金の還付に言及し、その内容が発言のたびに変わってしまい、迷走した。「私は発表前に意見を聞かれ、ブレないなら打ち出してもいいのではと申し上げた。しかし、参院選ではブレまくった。準備ができていないのなら言うべきではなかった」（前原）。六〇％あった内閣支持率は、投票の直前には四〇％へ下落した。選挙情勢は「調査するたびに悪くなっていった」（細野）。

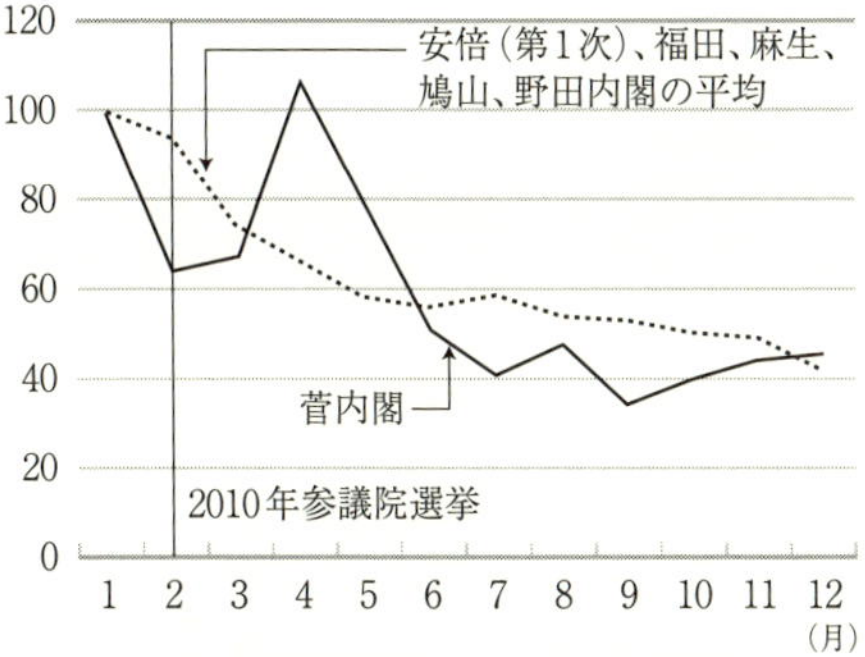

図 7-1　内閣支持率の推移
発足時を 100 とした場合。ＮＨＫ政治意識月例調査を基に作成

図7―1から分かるように、安倍・福田・麻生・鳩山・野田といった前後の首相たちは、就任当初は内閣支持率が高く、やがて急速に低下する傾向にあった。だが菅の場合は、就任直後・選挙直前の内閣支持率の低下が、他の首相に比べて著しい。選挙後にいったん回復していることからも、消費税増税の打ち出し方の失敗によって、短期的かつ大幅に内閣支持率を低下させた状態で選挙に臨むという、最悪の結果をもたらしたことは明らかである。

表7-3　2010年参院選における獲得票・獲得議席および割合　（投票率57.9%）

	選挙区（定数73）		比例代表（定数48）		合計議席（改選121）
	獲得票（万）	獲得議席	獲得票（万）	獲得議席	
民主党	2275.6 39.0%	28 38.4%	1845.0 31.6%	16 33.3%	44 36.4%
自民党	1949.6 33.4%	39 53.4%	1407.2 24.1%	12 25.0%	51 42.1%

「ねじれ」の仕返し

参院選は、民主党の敗北であった。改選前の五四議席から四四議席に落ち込み、目標としていた非改選と合わせての過半数には届かず、一〇六議席へ後退した。これに対し自民党は、五一議席を獲得して八四議席となり、公明党と合わせれば一〇三議席となった。社民党が鳩山政権の末期に連立を離脱し、連立相手の国民新党が三議席であったため、野党が参院の過半数を占めた。今度は民主党政権にとっての「ねじれ国会」が幕を開けることになる。

しかし、この獲得議席を獲得票と比較してみれば、様相は変わってくる。比例代表では、民主党が一八四五万票（三二%）であるのに対し、自民党は一四〇七万票（二四%）。選挙区では、民主党が二二七六万票（三九%）であるのに対し、自民党は一九五〇万票（三三%）であった。比例代表でも選挙区でも、民主党が大きくリードしていた（表7－3）。

この獲得議席と獲得票の「ねじれ」は、前節で述べた選挙制度の特徴がもたらしたものだった。人口の少ない地方での議席が参院選全体の勝敗の帰趨を過剰なまでに決定する、というゆがんだ構造が、今度は逆に

表7-4　2007年と2010年の参院選における得票率と獲得議席の変化

	選挙区全体	5人区	3人区	2人区	1人区A	1人区B
人口密度	−	6016	2590	387	283	205
農業就業人口割合	−	1	11	43	51	69
2007年平均得票率	40%	32%	43%	46%	51%	50%
2010年平均得票率	39%	39%	36%	41%	41%	37%
得票率の増減	−1%	7%	−7%	−5%	−10%	−13%
2007年の獲得議席	40	2	9	12	9	8
2010年の獲得議席	28	2	6	12	6	2
獲得議席の増減	−12	0	−3	0	−3	−6

人口密度は人／km^2（2010年）、農業就業人口割合は東京＝1とした場合（2010年）

民主党を敗北へ導いたのである。

人口の少ない二九県の一人区のうち、自民党は二一県で議席を獲得したのに対し、民主党は八県での八議席のみであった。二〇〇七年参院選の自民六・民主一七が、クルリと逆転した。

表7―4は、民主党候補が、二〇〇七年と二〇一〇年の参院選でどのように得票率と獲得議席を変化させたかを、選挙区の定数ごとに示したものである。人口密度と農業就業人口割合から分かるように、五人区が最も都市部であり、一人区が最も地方部となる。一人区はさらに、人口が比較的多いAグループと人口が少ないBグループと、半々に分けてある。

二〇一〇年を二〇〇七年と比べると、民主党は最も都市部の五人区（東京）では得票率を伸ばしたにもかかわらず、獲得議席に変化はない。しかし一人区、特に最も地方のBグループで、得票率も獲得議席も大きく下げた。次いで、地方Aグループでの落ち込みが大きい。ここから明らかなように、選挙区全体では得票率が自民党より高かったにもかかわらず、自民党が地盤としてきた地方の一人区を取り返されたことが響いて、選挙区全体で獲得議席を一二も減らし敗北を喫してしまったのである。

地方では消費税増税への反発がとくに強かったとも考えられるが、小沢が政治資金疑惑で批判を受け幹事長の辞任に追い込まれていたため、選挙の指揮どころではなくなり、地方重視の選挙戦略が失われていったことが響いたともいえる。小沢の川上戦略が「二〇一〇年は菅政権だったので採用されなかった」（直嶋）というのである。唐突な総理案件と同じように、執行部が交代すると選挙戦略までも簡単に変更されることもまた、民主党の本質的な問題であった。

もっとも、小沢にも問題がなかったわけではない。小沢は、全選挙区のデータを秘書のカバンに常備し、過去の投票率や政党支持率、世論調査の結果を事細かに把握していた。それにもかかわらず、その情報を党内で一切公表しようとしなかった。したがって、小沢が役職を去った後に、その選挙戦略が他の議員に浸透することも継承されることもなかったのは、当然のことであった。

こうして再び生じた「ねじれ国会」を利用して、野党だった自民党は徹底して民主党政権の手足をしばる戦術をとった。法案を成立させるためには、自民党や公明党の協力を得て参院でも可決することが不可欠となり、それは多くの場合、マニフェストの放棄を余儀なくさせた。「マニフェストができていないと自民党にもマスコミにも言われたが、仕方がなかった。我々のやりたい法律は自民党に徹底的にブロックされて一本も通らないんだから」（細野）。

参院での法案否決や閣僚の問責決議で政権を締め上げる戦術は、かつて野党時代の民主党が多用していた手法であり、攻守所を変えて仕返しを受けたことになる。この不毛な権力闘争により国政が停滞し、国民は政権交代に幻滅すると同時に、政党政治そのものへも失望を深め、政治不信が高まっていったのであった。

3　二度の惨敗とこれから

解散のタイミング

民主党議員のなかには、野田首相が消費税増税に邁進したことに加えて、二〇一二年一二月に総選挙を実施するという解散のタイミングを批判する声も多い。深刻な状態にあったユーロ危機が二〇一二年秋には小康状態になり、日本の景気も回復の兆候を見せ始めていて、二〇一三年の半ばまでには与党にとってよりよい環境を築けるはずだという見通しも、少なからずあった。

「消費税で負けたというのは大嘘。勝った自民党も公明党も増税に賛成したんだから。敗因はあの時期を選んだということ。だから私は、任期満了だと言いました」(藤井裕久)。ではなぜ、野田はこのタイミングで解散したのか。

衆議院の解散権は首相の専権事項とされているのだから、野田個人の判断と考えるのが一般的であろう。二〇一二年八月に社会保障・税一体改革関連法案を可決する土台となった民主・自民・公明の三党合意に際して、野田は「近いうちに国民に信を問う」と言明した。消費税増税は国益に沿うとの信念のもと、「近いうちに」は守るべき約束であると野田は考えていた。

そのうえ、このタイミング以外に、野田にはほとんど選択肢がなかった。「『近いうちに』の意味を説明しないと、消費税増税関連の法案がつぶされる。野田さんと相談しながら自民党側に対し、年を越すことはないという話をした。法案を通すため、それだけの手形を切っているわけだから、信義の問題としてやらざるをえなかった」(前原)。

揺さぶりをかけてきたのは、自民党だけではない。消費税増税の法案採決で反対票を投じて二〇一二年七月に離党した小沢グループ四九名も、野党として対決していた。

「衆院の過半数割れまで残り三くらいで、不信任案を出されたら可決されかねない勢いだっ

た。衆参ダブル選どころか、どうやって年を越すんだと逆に聞きたかったですよ」（安住）

当の野田は、これらに加え、橋下徹らが率いる日本維新の会のような第三極の台頭も判断材料に加えていた。「第三極の準備が整う前のほうがいい。衆参ダブル選などして同時にお灸を据えられたときには、民主党はドボンだという感じもありました」（野田）。

不十分な選挙戦略

一時は「選挙の神様」とまで呼ばれ、現実的な選挙戦略を追求した小沢を失い、改革政党としてのイメージも失った民主党は、非常に厳しい局面に立たされていた。また、過去の失敗から学んだり、新たな戦略を考え出したりする努力もほとんどなされなかった。

「党内で二〇一〇年参院選の総括をほとんどやらなかった。もっと深刻にやっておけば、消費税の問題もそこから議論が出てきたかもしれない。消費税増税は自民党も公約していたから、増税で負けたわけじゃないという変な理屈が横行していた」（海江田万里）

安住が言うように「増税したときの選挙の怖さというのは、自民党と違って経験がない」民主党だからこそ、消費税増税は可能だったとも考えられる。小沢が党を去ったのも、増税後の厳しい総選挙を見越してのことだったろう。しかし劣勢を打開する策も議論されず、民主党の選挙戦略はきわめて不十分であった。

同様に、解散の直前に行われた野田首相によるTPPの参加表明にしても、明確な選挙戦略が伴っていたとはいいがたい。農産物の自由化というイメージの強いTPPは、特に農村の多い地方で反対が強い。離党した小沢グループのみならず、党内にTPPに反対する議員は多かった。したがって、総選挙のマニフェストに明記したにもかかわらず、民主党のTPPに対する立場は不明確となった。

一方、再び総裁に返り咲いた安倍率いる自民党が政権奪還のために打ち出したのが、大胆な経済政策であった。鳩山・菅・野田の民主党政権の取り組みは社会保障政策に傾き、一貫した経済政策をとれなかった。消費税増税やTPP参加をめぐる党内の不一致に力をとられ、明確な成長戦略も描けなかった。

安倍自民党はそこを攻撃目標に定め、景気回復に向けた政策をアピールした。大胆な金融政策、機動的な財政支出、そして将来の成長戦略からなるアベノミクスである。「民主党の経済政策は分かりにくかった。もう少し違った打ち出し方があった」（細野）。

政権転落、第三極の躍進

予想されたとおり、二〇一二年一二月の衆院選は民主党の政権転落をもたらした。二三一から五七へ、実に一七四の議席減という惨状であった。これに対し自民党は、一一八から二

表7-5　2012年総選挙における獲得票・獲得議席および割合

（投票率59.3%）

	小選挙区（定数300）		比例代表（定数180）		合計議席（定数480）
	獲得票（万）	獲得議席	獲得票（万）	獲得議席	
民主党	1359.9 22.8%	27 9.0%	962.9 15.9%	30 16.7%	57 11.9%
自民党	2564.3 43.0%	237 79.0%	1662.4 27.6%	57 31.7%	294 61.3%

九四へ、反対に一七六の議席増と圧勝し、三一議席の公明党と合わせ三二五議席。衆議院の三分の二までをも獲得した。

一方の民主党は、獲得票からすると野党第一党の地位も危ういものだった。自民党には表7－5のとおり大差をつけられたうえ、維新の会は小選挙区で六九四万票（一二%）だったものの、比例代表で一二二六万票（二〇%）と民主党を上回り、五四議席を獲得した。二〇一〇年参院選とは違い、制度のゆがみという次元の敗北ではなかった。

二〇一二年衆院選における有権者の投票行動は、自民党への信任というより、民主党への不信任の表れだった。二〇〇九年衆院選が、民主党への信任というより自民党への不信任であったのとは、ちょうど裏返しとなった。例えば、圧勝したはずの二〇一二年衆院選で自民党は、惨敗した前回の二〇〇九年衆院選における小選挙区の二七三〇万票、比例代表の一八八一万票の獲得票を、いずれも下回っている。まさしく、消極的な信任でしかなかったのである。

投票率が五九%と前回から一〇%も下落して戦後最低となったことによって、票を減らしながらも自民党が完勝した。過剰な期待を集めた民主党政権の失敗は過剰な失望へと変化し、政権交代を前回支持した有権者の多くが、投票所に足を運ばなかった。政治全体が不信任を受けたとさえいうべき結果であった。加えて、第三極の政党が数多くの候補者を小選挙区に立てて民主党と共倒れし、自民党を有利にした。自民党は、前回は四二議席にとどまった人口密度が最も低い地方の一〇〇小選挙区で、今回は獲得議席数を八二にまで増やしたのである。

第三極の政党は、民主党が改革政党としての地位を自ら危うくしたのに伴って、勢力を伸ばしてきた。維新の会にしてもみんなの党にしても、行政改革や財政改革など、都市有権者を意識した改革志向を前面に打ち出している。民主党の改革志向が色あせ、党内紛争で政策が著しく滞ったために、改革を望む有権者は第三極に期待を寄せるようになった。民主党の惨敗は、自らが招き寄せたものであった。

支持基盤と基本理念

民主党政権は追い風だのみの体質から脱却できず、明確な支持基盤を見出せなかった。改革志向の反小沢グループは、利益団体の支持を得るために採用された小沢グループの選挙戦略に、さしたる代案もなしに反発した。

支持基盤を固めようとする努力が民主党に不足していたことは否めない。アンケートでも、国政選挙における民主党の弱点について、四二%と最も回答が多かったのは、候補者の日常的な地元活動の不足であった。「政策をこうすると応援してくれる、というほど単純なものではない。人間社会の常で、やはり顔が見える関係になっていることが大切。医師会や郵便局長会に応援してもらおうといっても、そのなかに一人も知り合いがいないんじゃどうしようもない」（細野）。

また、政権獲得後も地方組織の拡大を進められなかった。二四%と二番目に多かったのは、地方議員の少なさだった。「自民党は自治体議員がいて、その上に国会議員が乗ってというきちんとしたピラミッド型だが、民主党は逆三角形で頭でっかち。足元を支える地方議員がほとんどいない」（西村智奈美）。

しかし、そもそも利益団体に補助金を与える自民党の伝統的な政治手法に対して、異を唱える基本理念を掲げて成長してきたのが民主党であった。「天下り団体にお金を渡したり利益団体に政策を託したりすることはやめて、直接給付型にしよう。それで税金の無駄遣いをなくし、国民生活を支える仕組みを作ろうと。農家の戸別所得補償も高校の無償化も子ども手当も発想は同じ。これは民主党の理念として今も生きている」（細野）。「業界団体のための党じゃないぞと。消費者、納税者、生活者のための党というのは、民主党を作ったときに私と枝野と川端（達夫）さんの三人が三党から集まって作った言葉で、今度の綱領改定では働く人というのが入ったが、基本的に民主党というのはそういうことだと思う」（岡田）。

政権獲得後の民主党は、政策やマニフェストの基本理念にこだわれば確固たる支持基盤が確立されず、かといって利益団体に過度に接近すれば基本理念を失うという矛盾に悩まされた。

次の言葉は、このことの難しさを端的に表している。「自民党政権を終わらせるのは、徳川時代を終わらせるぐらい大変な歴史的な成果だった。補助金をもらっているすべての業界団体を敵に回して選挙をやるのだから、生やさしいことじゃない」（安住）。

結局、支持基盤に何を求め、利益団体とどう接していくのか、明確な答えを見つけられずに民主党政権は幕を閉じた。子ども手当が基本理念を共有できず、女性や子育て世代を支持基盤にできなかったことに典型的に表れるように、明確な戦略に基づいた政策やマニフェストの基本理念を打ち出せなければ、継続して選挙で勝利することはできない。小沢グループが離党したことで解決するわけでは、もちろんない。いまだ民主党に残されている本質的な問題である。

時代のなかの民主党

二〇一三年七月の参院選は、事前の予測どおりの結果となった。自民党は、選挙区では、

表7-6　2013年参院選における獲得票・獲得議席および割合　（投票率52.6％）

	選挙区（定数73）		比例代表（定数48）		合計議席（改選121）
	獲得票（万）	獲得議席	獲得票（万）	獲得議席	
民主党	864.6 16.3％	10 13.7％	713.4 13.4％	7 14.6％	17 14.0％
自民党	2268.1 42.7％	47 64.4％	1846.0 34.7％	18 37.5％	65 53.7％

今回から三一に増えた一人区の二九議席を含む四七議席、比例代表では一八議席と計六五議席を獲得し、非改選と合わせ一一五議席となった。公明党と合わせると一三五議席となって衆参の「ねじれ」は解消され、自民党は再び一党優位体制を取り戻した。

一方で民主党は、選挙区では一人区で全敗し、複数区で一〇議席、比例代表では七議席、合計一七議席と惨敗した。結党以来最悪の結果となり、非改選と合わせ五九議席となった（表7－6）。衆議院の五七議席と合わせた所属議員は一一六人であり、新民主党結成時の一三一議席を下回る水準にまで落ち込んだのである。二〇一二年一二月の衆院選後に代表となっていた海江田万里は、「三年三ヵ月の政権運営のなかで国民の失望を招き、その不信感がまだ拭われていない」と敗因を語った。

ここまでの民主党の選挙戦略の成功と失敗は、近年の日本政治の大きな時代の文脈を反映したものである。とりわけ一九九〇年代における衆議院への小選挙区制の導入は、政権交代を可能とするべく、強い支持基盤がなくとも自民党に対抗しうる野党勢力の結集を促すものであった。

そこから生まれた「風」に乗って躍進してきたのが民主党であった。

当初の選挙研究で予測されたのは、改革志向をもつ都市浮動層の期待に応える民主党と、保守的な地方有権者や固定票をもつ利益団体の要求に応える自民党という対立軸であった。

ところが、二〇〇一年に小泉政権の構造改革が登場すると、民主党は看板を奪われる形で「アイデンティティー・クライシス」に陥ってしまう。「都市型の無駄削減とか自由競争とかを完全に持っていかれ、むしろ民主党は左ハンドルに舵を切って再構築せざるをえなかった」(小川淳也)。

さらに、小泉政権の末期から安倍政権にかけて、構造改革が「地方疲弊」「格差社会」を生み出したとして批判を浴び始め、年金記録問題が重なり、野党にとって格好の攻撃材料となった。改革政党を標榜しつつ民主党が「生活者優先」を打ち出したのには、そういう背景があった。

同時に、民主党は選挙戦略の転換を図っていた。「参議院の一人区でも勝てるようにということで、都市型であった民主党は二〇〇三年ごろからかなり変わっていた」(細野)。安定的な政権を得るには、小沢が「川上戦略」を用いた二〇〇七年のように、地方を重視し、参院選の一人区で勝利しなければ難しい。それができなければ、後の二〇一〇年の参院選のように、獲得票で上回っても獲得議席で自民党に敗北してしまう。アンケートで、農村部を意識した選挙戦略や政策公約は必要だと思う民主党議員がいまだ七三%にのぼることは、このことを如実に物語っている。

与党の党内対立というジレンマ

民主党政権は、急激に膨張した議員で成り立っていた。衆議院に導入された小選挙区制は、多くのベテラン議員を落選させる一方で、小沢チルドレンのように大量の新人議員を生み出していた。参議院でも、一人区で当選した議員や利益団体から支援された議員が大量に生まれ、ときに改革志向に反発を示した。過剰な勝利によって多様な意見や思想をもった議員たちを抱え込むことで、後の小沢対反小沢の対立という党内ガバナンスの動揺を招くことになったのである。

同時に、マニフェストも急激に膨張していた。「ねじれ国会」に表れたように、衆議院と参議院はほぼ対等の権限を与えられている。安定した政権運営のためには、改革志向と利益志向の両方を満たすマニフェストを書く必要が生じる。その結果、財政規律や改革志向を謳う一方で、地方交付税の増額や農家の戸別所得補償のように地方利益を重視した政策が多くなった。

民主党に広く共有されている原点は、「いろいろな経験からこの辺が我々の場所」という「保守に対抗するリベラルサイドの政党」（大臣経験者）だと指摘される。民主党が躍進して以降の選挙研究では、新自由主義の自民党と社会民主主義の民主党という対立軸が予測されていた。

ところが、「創生」を掲げ二〇一三年二月の党大会で採択された民主党の新しい綱領には、「リベラル」の文字も、かつてあった「民主中道」の文言すらも入らなかった。その一方で、「既得権や癒着の構造と闘う改革政党」という本来の看板も、財政規律や政治主導が後退したことで色あせてしまった。そのことは、二〇一三年七月の参院選で民主党が、都市部の象徴である東京や大阪の選挙区で議席を失ったことに表れている。

振り返って見れば、民主党への支持は、自民党の一党優位体制を脱却し政権交代を可能にする対抗勢力として、一九九〇年代から膨張してきた有権者の期待値に大きく依存したものだった。民主党はその期待を安定的な支持基盤につなげることも、明確な基本理念を確立することもできなかった。

しかし、民主党政権が抱えたさまざまな矛盾は、近年の日本政治が直面する普遍的な課題でもある。そもそも一九九〇年代からの自民党は、バブル崩壊後の財政赤字の膨張と都市有権者の離反に悩まされてきた。その解決策である小泉政権の構造改革は、改革派と「抵抗勢力」による党内対立を激化させ、小泉チルドレンのように大量の新人議員を生む一方で、旧来の支持基盤を弱体化させた。明確な対立軸が民主党と自民党との間にあるのではなく、それぞれの党が深刻な党内対立を抱えてきたのである。

二〇一二年衆院選と二〇一三年参院選の過剰な勝利によって、自民党は多様な意見や思想をもつ四〇〇名超の議員を抱えることになった。そして、政権を奪還したことにより、先送りしてきた消費税増税やTPP参加、財政規律と構造改革の課題に正面から取り組まざるをえなくなったのである。党の重鎮や、議員の三八%にものぼる新人、アベノミクスが約束する構造改革に対する期待で当選した議員、利益団体の支援で当選した議員など、多様な議員を統一した基本理念のもとにまとめるのは至難の業である。今度は自民党の党内ガバナンスが問われることになるだろう。

そして、自民党が政権を継続するにせよ、民主党や他の野党が再び政権を獲得するにせよ、与党の党内対立という現在の日本の選挙制度が生み出すジレンマをいかに克服するのか。日本政治の行く末は、三年三ヵ月の民主党政権の失敗を教訓にできるか否かにかかっている。

参考文献

石川知裕『悪党　小沢一郎に仕えて』朝日新聞出版、二〇一一年
上神貴佳・堤英敬『民主党の組織と政策』東洋経済新報社、二〇一一年
小林良彰『政権交代』中公新書、二〇一二年

菅原琢「参議院選挙制度最大の問題　自民党に下駄を履かせる『小中混合制』」http://www.huffingtonpost.jp/taku-sugawara/post_5076_b_3520362.html

樋渡展洋・斉藤淳編『政党政治の混迷と政権交代』東京大学出版会、二〇一一年

薬師寺克行『証言　民主党政権』講談社、二〇一二年

『２０１３年改訂　民主党綱領集』

Cox, Gary W. 1997. *Making Votes Count: Strategic Coordination in the World's Electoral Systems*. Cambridge: Cambridge University Press.

Duverger, Maurice. 1954. *Political Parties: Their Organization and Activity in the Modern State*. London, New York: Methuen; Wiley.

Krauss, Ellis S., and Robert J. Pekkanen. 2011. *The Rise and Fall of Japan's LDP: Political Party Organizations as Historical Institutions*. Ithaca, NY: Cornell University Press.

Kushida, Kenji E., and Phillip Y. Lipscy eds. 2013. *Japan Under the DPJ: The Politics of Transition and Governance*. Stanford, CA: Brookings/Walter H. Shorenstein Asia-Pacific Research Center.

Lipscy, Phillip Y., and Ethan Scheiner. 2012. "Japan Under the DPJ: The Paradox of Political Change Without Policy Change." *Journal of East Asian Studies*. 12.3: 311–322.

Noble, Gregory W. 2010. "The Decline of Particularism in Japanese Politics." *Journal of East Asian Studies*. 10.2: 239–273.

Pekkanen, Robert, Steven R. Reed, and Ethan Scheiner eds. 2013. *Japan Decides 2012: The Japanese General Election*. New York: Palgrave Macmillan.

Pempel, T. J. 2010. "Between Pork and Productivity: The Collapse of the Liberal Democratic Party." *The Journal of Japanese Studies.* 36.2: 227–254.

Reed, Steven R., Ethan Scheiner and Michael F. Thies. 2012. "The End of LDP Dominance and the Rise of Party-Oriented Politics in Japan." *The Journal of Japanese Studies*, 38.2: 353–376.

Rosenbluth, Frances McCall, and Michael F. Thies. 2010. *Japan Transformed: Political Change and Economic Restructuring.* Princeton, NJ: Princeton University Press.

終章　改革政党であれ、政権担当能力を磨け

船橋洋一

求む！「中間管理職」

どのような失敗にも共通する「何か」がある。それは、その取り組みなり挑戦の何かが「過剰だった」ということである。民主党政権の最初の失敗は、国民の期待値を高めすぎたことにあったのかもしれない。

期待過剰である。

「政権交代。」

政権交代、ピリオド。それがすべて。

二〇〇九年総選挙で民主党の掲げた標語は、期待感をいやが上にも沸き立たせた。その結

果が三〇八議席の圧勝だった。この「勝ちすぎ」という議席数の過剰が、党内の弛緩《しかん》と対立を生み出すことになった。政権交代に対する国民の非現実的な期待バブルの崩壊、そして〝チルドレン〟の増殖と散乱ゆえの党内瓦解が、次の二〇一二年総選挙での民主党政権の壊滅的敗北を招来した。

なぜ、こうまで期待値を高めてしまったのか。

二〇一二年の総選挙（小選挙区）で勝ち残った民主党衆議院議員二七人の一人である岸本周平（和歌山県）は、民主党政権を担った国会議員のほとんどが、議員になるまで中間管理職の仕事をした経験がなかったことと深く関係している、との見方を披露した。

「サラリーマンは一〇年ぐらい組織で働くと、中間管理職をやるわけですね。部下に突き上げられ、上司にこづかれ、中をとる。彼らは、上に対しても下に対しても期待値を下げるゲームをやるのが仕事。民主党にはそうした機能がなく、やたらに国民の期待値を高めてしまった」（岸本周平への個別のインタビュー、二〇一三年一月一六日）

岸本自身は大蔵省（現財務省）出身である。大蔵省国際局アジア通貨室長、経済産業省文化情報関連産業課長、財務省理財局国庫課長といった中間管理職を経験し、「業界と政界、さらには役所の上司との間に入って、それぞれの期待値を下げさせるゲーム」をした。

そもそも、民主党政権は経営感覚に疎かった。なかでも資本の使い方を知らなかったといわざるをえない。「政治資本」を上手に投資し、「政治配当」を政治的円滑剤として必要なところに「個所づけ」する。そのような経営の才覚がいかにも乏しかった。

民主党政権は、自らが進めようとする改革の受益者たちを支持基盤として育てることができなかった。改革のステークホルダー（利害関係者）を味方につけることに驚くほど無関心だった。例えば、病院の勤務医（診療報酬の引き上げ）、女性や若者や低所得層（子育て支援、高校授業料無償化）、専業農家（戸別所得補償）などがそのケースである。

政権交代当初、党幹事長となった小沢一郎が、自民党の支持層を「引っぱがす」ことに情熱を注いだこともその一因である、と福山哲郎は言う。小沢は民主党政権の誕生に脅威を覚える自民党支持層からの陳情を受け付けるのに注力した、というのである。要するに「配分（ゼロ・サム）」には敏感だが、「投資（プラス・サム）」には鈍感なのである。

「政治資本」の浪費ということでいえば、鳩山政権の米軍普天間基地の移設問題はその最たるものだった。自民党の政策に対する代案（オルターナティブ）のなかでおそらく最も難しい普天間基地移設問題になぜ、これほどまでの「政治資本」を使わなければならなかったのか。なぜ、もっと早く切り替えができなかったのか。

二〇〇九年のマニフェストでは「見直しの方向で臨む」と抑えて書いていたものを、鳩山由紀夫首相がドン・キホーテよろしく突っ込んでいった。「優先順位の付け方として間違っ」

た「致命的失敗」であることは明白だった（細野豪志『未来への責任』）。代替案に関する鳩山の「腹案」とやらは不発に終わり、政権は迷走を始めた。

ホップ（鳩山）でつまずき、ステップ（菅）で踏み外し、ジャンプ（野田）で骨折。結局、民主党政権は退場と相成った。

二〇一〇年の参院選を前に、菅直人首相がにわかに消費税増税を争点に掲げたのも、その類であろう。「いきなりなんです。悪いことじゃなければやったっていいだろうという……それがいけないんです。普天間、消費税、いずれもそう」と藤井裕久は振り返ったが、ここでも普天間基地移設同様、党内への根回しはほとんどなかった。

民主党政権はマニフェストにない案件でつぶれた、と福山哲郎は言う。普天間、消費税、尖閣、TPP（環太平洋経済連携協定）の「四つはマニフェストに書いてない」ことだった。民主党のリーダーたちは、定款に記載されていない、そして、事業計画も練ったことのないビジネスに飛び込んでいってしまった経営者のようなものだった。

民主党議員のなかにも経営の重要性に気づいている人々はいた。そのうちの一人は、政権につく前に、「企業の再建や経営に行って成功した方々から、どうやってマネジメントとして結果をあげるのか」について聞くことに意義があると考え、党の会議などでその機会をもったという。しかし、そのような意識をもつ者は少数だったし、そうした付け焼き刃の特訓がさほど役立ったとも思われない。

「実務と細部」の欠如

民主党の国会議員たちは、政策を論じることにはことのほか熱心だった。政策オタクを自認する議員も多かった。

民主党政権で内閣官房参与を務めた劇作家の平田オリザは、鳩山政権が誕生して間もないころ、官邸政務の一人とこんな会話を交わした。

平田は、所信表明演説の草稿を書いたとき、まだ世間ではなじみの薄かった「社会的包摂」という言葉について、「こんなこと書いても民主党の議員は分からないでしょう」と言ったところ、相手は「いや、大丈夫。今回の小沢チルドレンは変なのもいるけど、小泉チルドレンに比べて平均でIQが二〇ぐらい高いから、きちんと教えれば分かるはずだ」と答えた。

しかし、政策をどう実現するのか、その優先順位をどうつけるのか、財源をどう手当するのか、それらの間のトレード・オフをどう解決するのか、その意思決定プロセスをどう作るのか、という肝心の点は詰めないまま政権に入った。

野党時代の政策は「理論と枠組み」で済んだが、政権に入った以上、それは「実務と細部」でなければならない。民主党の政策制度設計は「細部」がおろそかだった。それは第5章が印象的に記したように、子育て支援の挫折に如実に表れている。

真理は細部に宿る。それは経営においても統治においても変わらない。

そのうえ、民主党政権では「決められない政治」が延々と続いた。

「そもそも明確な論理や解答がない問題だからこそ政治の場へ持ち込まれているわけで、明確な論拠があって判断できるものであれば政治問題にはならない。なのに、民主党の議員は朝の四時までも徹底的に議論すれば答えが出ると思い込んでいる」(逢坂誠二)

「自民党の場合、総務会で反対を叫んでいた議員が、最後に決めるときはいなくなるという不思議な大人の文化がある。しかし民主党の場合は、最後まで残っている人って反対している人なんですね」(野田佳彦)

野党のときは、政権党の政策を批判していればよかった。しかし与党となれば、物事を決めなければならない。その合意を作るには、先手・布石・根回し・交渉・妥協、そして経営が必要である。政党政治にとって何よりも必要なのは、「妥協の政治文化」にほかならない。政権党としてまさにそれが求められていた。ところが、トロイカ(鳩山由紀夫、菅直人、小沢一郎)も「中間管理職」もチルドレンも、上から下までそれが苦手だった。なかでもひどかったのが、政党ガバナンスだった。

民主党政権の最後の首相となった野田は、「党のマネジメントのほうが政権のマネジメントより難しかった」と振り返った。

これには、第6章のいう「日向組」（政権入り）と「日陰組」（ヒラ議員）の間のコミュニケーションと調整のまずさも含まれる。

民主党は、内閣不信任案や社会保障・税一体改革関連法案など重要法案の採決で、大量造反と離党騒ぎを繰り返した。岡田克也は、「党のガバナンスの欠如だけでは片づけられない深刻な問題であった」「当たり前の組織文化を持った政党に変わらねばならない」と反省の弁を語っているが、実際、民主党は政権与党の体をなしていなかった（岡田克也「二〇一二年衆院総選挙の総括」、民主党三重県総支部連合会第一五回定期大会、二〇一三年二月二三日）。

岡田は二〇〇五年の小泉純一郎内閣による〝郵政解散〟のときの民主党代表だった。総選挙敗北の責任をとり代表を辞任したが、その際の民主党両院議員総会で次のように訴えた。「次の代表が誰になろうとも、選んだ代表をみなで支える政党になってもらいたい」「自由な議論ができるのは民主党の素晴らしいところだ。しかし、結論が出たら、決まったことは守る政党であってほしい」「この二つがなければ、政権交代はできない」（岡田克也『政権交代』）

民主党の悲劇は、その二つがないまま「政権交代。」を果たしてしまったところにあった。

綱領は「政権交代。」

二〇〇九年の政権交代は民主党が自らの力で引き寄せたものではない。福山哲郎がいみじくも言ったように、「順風満帆のときに、政権交代は起こらない。予定調和で、与党・官僚・業界団体が安泰のときに政権が野党に来ることはありえない」。日本の「失われた時代」の危機とそれに無策であり続けた自民党政治の危機が、政権交代を可能にしたのである。

よく言われるように、二〇〇九年の総選挙は、民主党の勝利というより自民党の敗北だった。しかし、その「負の遺産」と「負の分配」の政治の重さと危うさを、民主党は十分に認識していなかったように見える。

デフレが続き、人口が減少し、財政赤字が膨らみ、国家債務リスクが高まるなか、政策も予算も、より明確な優先順位をつけなければならない。国民に不人気な政策を断行し、国民に負担の増大を求めざるをえない。時にそれは価値観の衝突を伴うことになるだろう。どの政党が政権をとろうが、政策の選択肢はそれほど多くはないし、代案（オルターナティブ）も狭い範囲にしかない。

「やりたいこと」と「やらなければならないこと」を峻別し、「やらなければならないこと」をきちんと押さえるべきだった。しかし、民主党議員はわれもわれもと「やりたいこと」を担いで回った。馬淵澄夫が言うとおり、その集大成が、世間で揶揄《やゆ》される二〇〇九年衆議院選挙用の「嘘つきマニフェスト」だった。

第1章が鋭利に分析したように、マニフェストに盛り込まれたプログラムの多くが財源で行き詰まることは目に見えていた。「やらなければならないこと」の合意を作るには、最後には立ち戻ることができる共通理念（綱領）が必須であった。民主党にはそれがなかった（一九九八年の結党時の「私たちの基本理念」は綱領ともいえるが、その後は政権を失うまで一度も見直していないし、議論もしていない）。

その背景には、小泉改革の挑戦と党内の路線対立がある、と直嶋正行は指摘した。直嶋によると、「自民党をぶっ壊す」と吠えて躍り出てきた小泉内閣の構造改革路線によって、国民が社会保障の先行きに不安を覚え、それまで自認していた都市型改革政党という、民主党の立ち位置が揺さぶられた。そのなかで、松下政経塾系議員の「自由で安心な社会」（自由が先）と、小沢一郎の「生活」の間のギャップを埋めることができなかったという。

本格的な綱領をもてなかった民主党にとって、「政権交代。」が事実上の綱領だったということかもしれない。

政治の厳粛性

もっとも、民主党政権も最後になって「やらなければならないこと」を断行した。野田内閣による社会保障・税一体改革関連法案の成立である。

野田の政治には「天下国家のために殉じる」気高い精神が脈打っていた。このことは記憶に留めておくべきである。

しかし、それは公約違反そのものだった。

菅内閣のときの片山善博総務相は、「民主党を見ていて以前から危惧していたことがある。それは公約違反に対する無邪気さと鈍感さである」と記したが、この指摘は重い（片山善博『日本を診る』四〇）。

消費税を引き上げるための内容も手順もお膳立ても不十分だった。

内容面では、社会保障の財源を埋め合わせるための増税であり、税と保険の役割分担、雇用と年金の調整、若年世代と高齢者世代の公正確保、などの改革の視点はかすんだ。

手順面については、岡田克也は「当初は、消費税をやるのは政権二期目、次の総選挙の後。これだけの借金を作ったのは自民党なんだからと思っていました」と述べたが、そのように、「消費税はすぐには上げない。しかし、議論はする」という戦術的展開も、選択肢としてありえただろう。

お膳立ても芸がなかった。松本剛明は、「値上げをするとき、単純に値上げをするビジネスはありえない。モデルチェンジをして値上げを考える。社会保障もやっぱり抜本的なモデルチェンジをすると同時に値上げさせていただく」方向だったが、国民に示すべき新モデルの仕様を描ききれなかった、と反省する。そのような政治的な狡知《こうち》を、民主党はもっと身につけるべきだっただろう。

消費税一〇％時代――それが実現できたとしての話だが――と、その後に予想されるさらなる大増税時代の幕開けは、日本の政治と民主主義にとって〝異次元〟の状況を現出させるかもしれない。「代表なくして課税なし」という、税をめぐる政治の究極のマグマが噴き出す可能性が高い。

明治の帝国議会では、富国強兵のための地租負担をめぐって、政府と民党勢力は激突を繰り返した。日露戦争の戦費負担増大は、当時唯一の租税負担者だった農村地主に八〇％の増税を強いた。租税基盤を拡大するため、政府は有権者を大幅に増やさざるをえない。そしてそれが、その後の大正デモクラシーと普通選挙導入の導火線となった（坂野潤治『明治国家の終焉』『日本近代史』）。

増税を強いられる国民は、当然のことながら政府への監視を強め、政治と政党のあり方に対して発言していくことになるだろう。

安倍政権発足後、消費増税の際の三党合意に基づいた社会保障制度改革の実務者協議は停滞したままである。民主党は実務者協議からの離脱を表明した。

消費増税はお願いします。しかし、社会保障制度改革は先延ばしします。自ら身を切る公務員制度と国会の改革も、先送りさせてもらいます。

そんな政治を国民が許すわけはない。

税は、政府が国民、納税者、有権者と交わす最も厳粛な政治的契約である。民主党政権は、その厳粛さを軽んじたことによって国民から見捨てられたともいえる。政治の厳粛性に畏れの気持ちをもつことから、民主党は出直さなければならない。

権力を使えず

民主党の失敗は、運命づけられていたわけではない。政権党としての三年三ヵ月の政治指導者の言葉の一つ一つ、内閣の政策決定と危機対応の一つ一つの結果が、二〇一二年衆議院選挙の歴史的敗北につながった。

鳩山政権で総務大臣政務官に就任した小川淳也は、政権発足直後、総務省の自治税務局長と課長何人かで食事をした。そのとき、局長が思わず言った。

「これから中央官庁の局長というのは、要らなくなるんでしょうね」

政務官がそれをやることになるのだろうと、局長は思い描いたようだった。現にイギリスではそれに近い形でやっている。政権交代が霞が関にそう思わせたときもあったのである。しかし、そのような「政権交代モーメント」はたちまちにして過ぎ去っていった。民主党は政権にはついたものの、権力を効果的に使うことができなかった。戦略・予算・経済政策・法案・人事・危機管理のいずれの面でも、それは共通していた。

六つの面に見る失敗

新たな政策課題を追求する戦略を打ち立てるには、政府に戦略を考える中枢本部を作らなければならない。待ったなしの財政再建のために、事業も予算も縮小し、組み替えていく場合、意思決定過程は、ボトムアップ型からトップダウン型に変わっていかざるをえない。組織にとってマイナスの政策は、ボトムアップでは上がりにくいからである。権力中枢からのトップダウン型の政策課題の設定、つまりは優先順位を明確にする戦略立案機能が、これまで以上に必要になってくる。

自民党政権でも、橋本龍太郎内閣と小泉純一郎内閣は、官邸機能と首相権力の強化に精力的に取り組んだが、官邸の戦略立案機能はなお不十分だった。

民主党の対案は国家戦略局と行政刷新会議の創設だったが、それを規定した政治主導確立法案が最後には撤回され、挫折した。これによって、改革の司令塔と橋頭堡《きょうとうほ》を確保できなくなった。

国家戦略局も行政刷新会議も、予算編成プロセスの改革をめざしていた。予算は国家の骨格を表し、国家の方向を示す。民主党は予算編成システムを変革することで、その骨格と方向を変えようとした。しかし、最初の二〇一〇年度予算の編成からつまずいた。

また、民主党政権は予算編成や社会保障制度の改革のようなプロセスビジョンには大いに関心を示したが、肝心のマクロ経済政策――雇用と物価安定――の中身の詰めにはさほど執着せず、経済成長戦略の知的、政策的な枠組みを作ることができなかった。政権期間中、経済財政担当相は六人も誕生した。

経済政策では理念の先走りと論理の飛躍が見られた。鳩山政権の財務相だった菅直人は「社会保障分野は……最大の成長分野である」（衆・財務金融委員会二〇一〇年二月二四日）と言い切ったが、高度に規制され、公定価格主体である医療と介護をどのように成長産業に切り替えるのか、道筋は示されなかった。第3章が指摘したように、市場原理を否定し、「政府が所得再分配政策や需要拡大政策を進めても、長期的な成長は期待できない」。

法案については、「与党側は国会上程のカレンダーを示さなきゃいけないのに、最初の段階で、カレンダーをきちっと書ける人がいなかった」ことが痛かった。「昔でいえば鉄道のダイヤを書くような職人を、自民党は育てている。うちにはそれがいなかった」と松本剛明は述懐した。「役所の国会対策をやってきた人とか、そういう人を何人か引き抜いて官邸に連れて行くことも考えられたようだが、実現しなかった」という。

鳩山政権の場合、二〇一〇年通常国会における政府提出法案の成立は六四件中三五件、成立率五四・七％にとどまった。これは戦後、最低の記録となった。

鬼門は人事だった。閣僚人事では何度もミソをつけた。能力と専門性ではなく、「小沢さんがやった選挙に絡んだ論功行賞とか、次の選挙をにらんだ体制を作るとかで……失敗。人事に対する関心が極度に低かった」と批判した閣僚経験者もいた。

民主党は一〇年以上前から次の内閣（ネクスト・キャビネット）を作り、衆参各院の委員会に沿って担当大臣を置く形で運用してきた。専門性をもった議員を育てようと努力してきたことは間違いないが、それを実戦に活かせなかった。この点では、最初の鳩山政権の責任が大きい。霞が関の人事を官邸が一括管理し、それによって政権の政策優先順位を貫徹し、国の形を変えようとする試みは、まずは人事で頓挫した。

人事に関しては、内閣に入る政治家が官僚をどのように掌握するか、その際、人事をいかに掌握するか、政官関係に注目が集まった。民主党は当初、局長以上全員の辞表を出させることも考えたが、これはいかにも非現実的だった。むしろ民主党政権の優先順位の高い課題にしぼって、それに関係する官庁の局長以上を交代させ、新しい政策を断行することを考えるべきだったかもしれない。従来の政策を否定しようとするときに、その政策を推進してきた官僚に一八〇度違う政策を進めさせるのは難しいからである。

新しい政権党にとって、最も難しい取り組みが危機管理である。官僚組織は、平時には何とか使いこなすことができても、有事になると途端に使い勝手が悪くなる。

官邸には内閣危機管理監をはじめ危機管理部局が控えている。しかし、ここも各省庁の寄り合い所帯であり、官僚組織の縄張りから自由ではない。それに加えて、首相の権限の弱さが効果的な危機管理の邪魔になる。とりわけ危機の際はどの省庁もリスク回避に走り、面倒なことを他省庁に押しつけようとする消極的権限争いが起こる。

民主党政権は、リーマン・ショックの後始末と三・一一という、二つの巨大な危機管理を強いられた。菅の筆頭首相秘書官として福島第一原発事故対応にあたった山崎史郎《やまさきしろう》は、「危機管理はあらゆる行政のなかで最も難しい」と言う。「平常とはまったく逆をやらなきゃいかんわけです。その切り替えができるのはものすごく能力が高い集団」だというのである。

何もかも準備不足

日本には戦後、総選挙によって第一党が交代し、政権交代が起こったことはなかった。何もかも初めての政権交代だった。

二〇〇九年の夏、民主党の衆院議員有志が集まって、映画『小説吉田学校』（森谷司郎監督、一九八三年）のＤＶＤを見た。「政権党の権力闘争の凄まじさをイメージしようと思って企画したが、見た後、自民党（実際は保守合同前の自由党と民主党）の権力闘争はああまで凄まじいものか、とみんなで話し合った」と、そのうちの一人はそのころ語ったものである。権力を握った場合に、熾烈な権力闘争に耐え抜けるかどうか、彼らは不安だったに違いない。

鳩山政権が誕生したのは、鳩山が民主党代表選挙で代表に選ばれて四ヵ月しかたっていないときだった。何もかも準備不足だった。なかでも最大の準備不足は、新たな政策を実現するための政権担当能力と担当期間についての、それぞれのイメージだったのではないか。

自民党政権のもと、難しい政策の判断と決断は先送りに次ぐ先送りをされ、短期間の取り組みで成果をあげられる重要課題はほとんどなかった。それだけに、民主党政権は長期政権をめざすべきであったし、「政権維持」にもっと心を砕くべきであった。

第7章が分析したように、首相の課題設定と選挙戦略の「唐突な」改変は、民主党政権の「ミッドウェー海戦の敗北」（安住淳）ともいうべき二〇一〇年七月の参院選結果をもたらした。民主党ほど権力の座にいながら権力を行使するのが苦手だった政党も珍しい。

リーダーシップと国家経営意識

わずか三年三ヵ月の政権だったにもかかわらず、三人の民主党代表が首相を務め、それぞれ前任者の政策を否定するか、否定しないまでも貶《おとし》めたように国民の目には映った。

松井孝治は次のように証言している。

「鳩山さんは菅さんに否定された、菅さんは野田さんに否定された、と思っている。三者三様、ベクトルが違う。だから、民主党が何をめざしていたのか、みんな打ち消し合って、何をやりたかったのか分からない」

そうしたライバル同士の〝打ち消し合い現象〟は、大臣の間でも頻繁に見られた。

「ある大臣は政治主導にこだわって、役人に取り込まれてはいけないと、一生懸命背伸びをする。次の大臣は、あいつはまったく行政というものを知らないが、俺は違う、皆さんの言うことは分かっているから、とやる」（松井孝治）

三人の首相に共通した課題は、「それぞれに違った意味で、国家経営意識が弱かったこと」だった、と仙谷由人は指摘した。

外交政策と安全保障政策、そして危機管理は、まさに国家経営能力そのものが問われるテーマであり、国家のリーダーの仕事そのものである。このすべてで立ち往生した。

鳩山政権は、普天間基地移設問題と「東アジア共同体」構想をめぐってブレにブレ、国民の不信感を高めた。普天間問題では、移設先が振り出しに戻ったとき、鳩山は名護市内で記者団に「学べば学ぶにつけ、沖縄の米軍の存在全体のなかでの海兵隊の役割を考えたとき、すべて連携している。そのなかで抑止力が維持できるという思いに至った」と述べた。移設反対派、賛成派を問わず、不信感が極まった。当時、鳩山の首相辞任を思いとどまらせようと説得に努めた海江田万里は、「あれで沖縄問題の努力はもう終わったと思った」と回想している。

菅政権時の尖閣沖での中国漁船衝突事件と野田政権時の尖閣国有化問題は、中国の台頭で激変するアジアの新たな地政学を日本に思い知らせるとともに、民主党政権の〝外交音痴〟ぶりを露呈させた。二〇一〇年九月の尖閣ショック後の二ヵ月で、菅政権の支持率は六五％（九月）から三一％（一一月）へと底が抜けた。民主党支持率も同様に三六％から二四％へと急降下した。野田政権の際の尖閣国有化ショック後も、政権支持率と民主党の支持率は、それぞれ五％、三％ほど低下した（NHK政治意識月例調査）。

野党が政権党になるとき、細心の注意を払わなくてはならない分野は外交、安保、危機管理である。これらの分野は、与党と野党との間の情報ギャップと経験ギャップが、どの分野よりも大きい。

第4章が記したように、民主党政権の外交・安全保障政策でも、防衛大綱の見直し、武器輸出三原則の緩和、海洋安全保障への取り組みなど、評価すべき点もある。外交・安保のいわば国民的合意の形成への貢献という側面からも、その意義を認めるべきである。また、日韓併合一〇〇年（二〇一〇年）にあたって、〝歴史問題再発予防外交〟を韓国側と舞台裏で行った仙谷由人官房長官の静かな外交も特筆すべきだろう。さらに、東日本大震災で自衛隊を一〇万人動員し、また、福島原発事故で燃料プールへの海水空中投下に自衛隊を投入したような果断な決断もあった。

しかし、日本の外交の土台である二国間外交では、米国と中国との関係を著しく損ない、いわば外交の「地滑り」現象（第4章）をもたらした。

先にも触れたように、「負の遺産」と「負の分配」の政治においては、優先順位を明確に設定しなければならない。その起案は官僚機構からは、そして下からは上がってきにくい。そこでは、これまで以上にリーダーシップの役割が大きくなる。

そしてまた、フォロワーシップの役割も重要になる。しかし、首相にリーダーシップを発揮させる役割の閣僚たちに、フォロワーシップが稀薄だった。鳩山、菅両政権の防衛相を務めた北澤俊美は、そのことに強い違和感をもったという。

「内閣総理大臣というのは自分を国務大臣に指名してくれた人で非常に権威ある立場だという認識が閣僚の間にあまりなかった。それが私にとってはものすごく不満だった。閣僚懇での活発な議論はいいんだけど、私は総理の座というものをもう少し重みのあるものにしなきゃいけないという気持ちを持っていました」（薬師寺克行『証言 民主党政権』）

平田オリザも同様の感想をもった一人である。民主党の問題は、「要するにフォロワーになれない。みんなリーダーになろうとするから」と平田は言った。

「みんなが功名心に走って、後は疑心暗鬼。政権交代から事業仕分けのころまで、蓮舫《れんほう》さんとか前原さんとかが、連日のようにワイドショーなどに出る。そうすると他の議員が、俺ももっとめだとうと、みんな思うわけですよね。一方で、衰退期になると、民主党というのはその後退戦のしんがりを務めるヤツが誰もいなかったんです」

未来への責任

菅直人は、民主党政権の失敗について、「失敗の一言で片づけることには、かなり違和感を感じています」と語った。

たしかに、その全部が失敗だったわけではない。民主党政権が追求した政策のなかには見るべきものもあった。

例えば、救急患者が運び込まれるような急性期医療をになう病院の診療報酬の引き上げである。一方で、医療費を抑制するため、医師会の中心的メンバーである開業医に関係の深い再診料を下げ、バランスをとった。生活保護制度の母子加算を復活させ、母子家庭のみに支給されてきた児童扶養手当を父子家庭へも拡大した。

高校授業料無償化は、高校中退者を減少させるうえで効果を発揮した。経済的な理由による中退者は、二〇〇八年度の二二〇八人から、二〇一〇年度の一〇四三人、二〇一一年度の九四五人へと減少し、復学する生徒も増えた。

農家への戸別所得補償制度など、安倍自民党内閣へ代わっても継承されているものもある（ただし、「戸別所得補償制度」から「経営所得安定対策」へと名称を変えている）。

また、政策に強く、官僚をよく使いこなし、政治的センスにも長けた閣僚もいた。民主党国会議員へのヒアリングでは、北澤俊美（防衛相）や片山善博（総務相）が発揮したリーダーシップを高く評価する声が聞かれた。

しかし、結果は残酷だった。それが失敗であったことは、二〇一二年の総選挙の歴史的敗北が、何よりも雄弁に物語っている。

大敗北を受け、二〇一三年二月二四日、民主党は党大会を開き新綱領を発表した。

「私たちは、一人一人がかけがえのない個人として尊重され、多様性を認めつつ互いに支え合い、すべての人に居場所と出番がある、強くてしなやかな共に生きる社会をつくる」

「道半ばとなった改革を成し遂げるため、必ずや国民政党として再生し、政権に再挑戦する」

「未来への責任を果たすため、既得権や癒着の構造と闘う改革政党である」「未来への責任」は、公的債務、消費税引き上げ、福島原発事故処理コストなど、世代間の公正が今後の日本の政治の大きな利害対立と価値観の衝突を生む争点となってきたなかで、的を射た標語であるといえる。

たくましい政党、たくましい民主主義

二〇一二年衆院選と二〇一三年参院選の敗北は、有権者が民主党に下したワンツー・パンチと見ることもできる。

民主党は、「政党の形」を作りかえるところから出発しなければならない。良くも悪くも、自民党という政党は、「国破れて山河あり」の国民政党である。それは農村と社会に根ざしている。それに対して、民主党は「国破れて無党派散る」の政党でしかない。

二〇〇七年参院選と二〇〇九年の衆院選のいずれにおいても、民主党の躍進と政権交代は無党派層の風を背に手にした成果だった。要するに、中軸が存在しないのである。

そのような風任せの選挙に別れを告げ、無党派層依存から脱却しなければならない。健全なる精神は健全なる身体に宿るというが、たくましい政党なしに、たくましい民主主義はない。無党派層に民主主義を託することはできない。

民主党の中軸は、改革となるはずである。ただ、「改革」の文脈は大きく変わってきている。

第一に、日本は、人口減少と国家債務の重圧のもと、優先順位を過酷に設定しなければならない〝政治的トリアージ〟の時代に入りつつある。「負の遺産」と「負の分配」の政治の力学のなかで、国民全体の利益と霞が関の各省の利益が鋭く対立する場面は、今後ますます増えていくだろう。その帰結としての「増税の政治」は、納税者（国民）の発言力と政治参画を激しく増幅させることになるだろう。

政党政治は、そうした新たな利害関心（層）に敏感に反応し、それを改革に向けての政治的な足場と枠組みへと練り込んでいく必要がある。

まさに第2章が指摘したように、民主党の政権構想五策は、「官僚機構の権益構造を因数分解し、従来の政治プロセスを抜本的に変えようとした点で、意欲的な構想」であった。それは統治改革を本質としていた。そして、民主党はまさにその最も本質的な点で、失敗したのである。

第二に、リーマン・ショックと三・一一によって、日本の「失われた時代」の底が抜けた。同時期に行われた二〇〇九年と二〇一二年の総選挙を経て、日本は「政権交代が常態化する時代」に入ったということである（政権交代が常態化する時代の政治力学については、牧原出

『権力移行』（NHKブックス、二〇一三年）が斬新な視点を提供している）。

民主党は改革政党として出直す以外、将来はない。なぜなら、日本の政治はこれまで以上に改革を必要とするからである。

そして、民主党は、政権担当能力をもつ政党に生まれ変わらなければならない。これから国民は、選挙の際に政党を選ぶにあたって、政策だけでなく、政権担当能力の有無をも重要な判断材料とするようになるに違いない。民主党は教訓を学び、政権担当能力を磨くべきである。そのことが、国民に政党政治と政党デモクラシーへの関心と期待を抱かせる契機ともなる。

参考文献

伊藤裕香子『消費税日記』プレジデント社、二〇一三年
岡田克也『政権交代』講談社、二〇〇八年
片山善博「片山善博の『日本を診る』」四〇『世界』二〇一三年二月号
坂野潤治『明治国家の終焉』ちくま学芸文庫、二〇一〇年
坂野潤治『日本近代史』ちくま新書、二〇一二年
細野豪志『未来への責任』角川ｏｎｅテーマ21、二〇一三年
薬師寺克行『証言　民主党政権』講談社、二〇一二年

ＮＨＫ放送文化研究所「政治意識月例調査（二〇一〇年）」内閣・政党支持率 http://www.nhk.or.jp/bunken/yoron/political/2010.html
ＮＨＫ放送文化研究所「政治意識月例調査（二〇一二年）」内閣・政党支持率 http://www.nhk.or.jp/bunken/yoron/political/2012.html
「民主党綱領　二〇一三年度定期大会決定」二〇一三年二月二四日 http://www.dpj.or.jp/about/dpj/principles

おわりに

二〇一二年一二月、総選挙後に英『エコノミスト』誌が東京で開催した「ジャパン・サミット」というセミナーのパネルで、私は上智大学の中野晃一教授とたまたま一緒になった。そのときに、総選挙での民主党大敗後の日本の政党政治の行く末を、中野氏も私と同じように案じていることを知った。

私は、日本再建イニシアティブで「民主党政権検証プロジェクト」を発足させることにし、そこへの参画を中野氏に要請、快諾を得た。

検証プロジェクトチームは、マニフェスト、政治主導、経済と財政、外交・安保、ジェンダー・子育て支援、政党、選挙の七つの分野にしぼることにし、それぞれこれはという研究者を探した。幸いなことに、ドリーム・チームともいうべきチームを立ち上げることができた。中北浩爾、塩崎彰久、田中秀明、神保謙、萩原久美子、中野晃一、フィリップ・リプシーの各氏である。

リプシー氏は、スタンフォード大学助教授の職にある。プロジェクトの期間、三回、訪日し、研究会での議論に参加した。ただ、物理的に距離があり、ヒアリングに出席できないため、明治大学の村井哲也非常勤講師が助っ人として手伝ってくれた。

何よりも、この報告書ができたのは、これらの研究者の方々のおかげである。心からお礼を申し上げたいと思う。

この種の検証型報告書を作成するうえでのカギは、熟練エディターを見つけることができるかどうか、である。ここでも、私は幸運に恵まれた。前朝日新聞社論説主幹の大軒由敬《おおのきよしのり》氏の快諾を得たのである。

氏は二〇一三年三月、朝日新聞社を退社。若いころから演奏しているバロック・チェロの腕を磨くため、四月に桐朋《とうほう》学園大学へ入学していたが、加わってくれた。一〇キロ近くもあるチェロのケースを抱えて、日本再建イニシアティブのオフィスまで日参するように通ってくれた大軒氏に深く感謝の意を表したい。

検証チームは二月から七月まで六ヵ月間、活動した。

日本再建イニシアティブのオフィスで、民主党議員を中心に延べ三〇人からヒアリングを行った（対象者は三〇〇ページ参照）。また、政権時からの現職衆議院議員五六人全員を対象にアンケート調査をした。そのうち四五人の方々の回答を得た（回収率は八〇・四％。その結果は二九九ページ参照）。

ヒアリングに来てくださった方々とアンケートに協力してくださった方々に、深く感謝の意を表します。

中央公論新社から中公新書として報告書を出版する運びになったのは望外の幸せであった。白戸直人中公新書編集部部長、田中正敏編集部員にお礼を申し上げたい。また、仲介の労をとってくださった木佐貫治彦『中央公論』編集長にもお礼を申し上げます。

このプロジェクトには、日本再建イニシアティブから俵健太郎がスタッフ・ディレクターとして参画した。またアシスタントの馬場綾、前田三奈、尾関宏美、インターンのチェルバーグ玲奈（東京大学大学院）、長川美里（東京大学大学院）、嶋津親代（明治大学）、森玄門（上智大学）、山崎淳（慶應義塾大学）がプログラム・スタッフを務めた。全員テキパキと仕事をしてくれたので、大いにはかどった。

＊

私たちのシンクタンク「日本再建イニシアティブ」は二〇一一年九月に設立された。

最初の仕事として二〇一一年の福島原発事故の原因究明とその背景分析を行うため、福島原発事故独立検証委員会（北澤宏一委員長＝いわゆる民間事故調）をプロデュースした。「真実、独立、世界（truth, independence, humanity）」を標語に、三〇人近いワーキング・グループの研究者たちが当事者たちへのヒアリングを重ね、議論を重ね、真実に迫った。

二〇一二年二月に出版された報告書（『福島原発事故独立検証委員会　調査・検証報告書』）は内外で高い評価を受け、その後の原子力安全規制と安全文化の見直しと改革論議に影響を与えることができたと自負している。

また、その次に刊行した報告書『日本最悪のシナリオ　9つの死角』（新潮社、二〇一三年）は、日本の危機管理のあり方に一石を投じ、そこでの知見や提案を官邸中枢にブリーフするなど、実務家の方々から強い関心をもっていただいている。

この両報告書はともに、完全英語版が近く出版される運びである。

私たちは、世界と共有する課題の研究成果を世界に発信し、世界とともに解決策を探究していく姿勢をとっている。これまでの報告書はいずれも内外で大きく取り上げられ、そのテーマに関する政策提言など、さまざまな発信と交流をグローバルに展開してきた。

そのような試みが認められ、二〇一一―一二年の世界シンクタンクランキング（米ペンシルベニア大学、シンクタンク・市民社会プログラム〔TTCSP〕）では、一気に世界二四位となった（日本第一位、アジア第二位）。

励みになるというより、むしろ身が引き締まる思い、というのが正直なところである。

最後になりましたが、シンクタンク活動を支えてくださっている企業、個人、財団の方々に、この場を借りて改めて感謝の意を捧げたいと思います。

二〇一三年七月二一日、参議院選挙の開票結果のニュースを聞きつつ

船橋洋一

Q16.　最も成果があったのはどの政策分野だと思いますか？　３つ選んで○をつけてください。

1. 行政刷新	15件（33%）		9. 景気対策	0件	（0%）
2. 子育て支援	25件（56%）		10. 非正規雇用対策	5件	（11%）
3. 教育	22件（49%）		11. 地球温暖化対策	0件	（0%）
4. 年金	4件	（9%）	12. エネルギー政策の見直し	7件	（16%）
5. 医療	9件（20%）		13. 外交・安全保障	1件	（2%）
6. 地域主権	10件（22%）		14. 財政再建	12件	（27%）
7. 農業	7件（16%）		15. その他	3件	（7%）
8. 新しい公共	13件（29%）		（障碍者支援、自殺対策、求職者支援）		
			未回答	4件	（9%）

Q23.　2012年９月の尖閣諸島国有化は正しい政策だったと思いますか？

1. 正しい政策だった　22件（49%）
2. 間違った政策だった　7件（16%）
3. その他　13件（29%）

未回答　3件　（7%）

Q29.　民主党は再度政権の座につくと思いますか？

1. 思う　31件（69%）
2. 思わない　4件　（9%）
3. わからない　8件（18%）

未回答　2件　（4%）

このほか、「2012年７月の党の分裂は避けられたと思いますか？　思いませんか？」「2010年９月の尖閣諸島沖の漁船衝突事件に際し、政府はどのように対応すべきでしたか？」「民主党が2012年12月の衆議院総選挙に敗北し、政権を維持できなかった理由」など多数の質問に答えていただきました。

アンケート結果の全容は一般財団法人日本再建イニシアティブのウェブサイト（http://rebuildjpn.org/）にて公開しています。

アンケート回答者一覧（五十音順、敬称略）

荒井 聰／泉 健太／大串博志／大島 敦／大西健介／大畠章宏／岡田克也／小川淳也／奥野総一郎／海江田万里／黄川田 徹／菊田真紀子／岸本周平／玄葉光一郎／郡 和子／近藤昭一／近藤洋介／後藤祐一／階 猛／篠原 孝／髙木義明／武正公一／田嶋 要／玉木雄一郎／辻元清美／津村啓介／中川正春／長島昭久／長妻 昭／中根康浩／野田佳彦／原口一博／古川元久／古本伸一郎／細野豪志／前原誠司／松本剛明／馬淵澄夫／三日月大造／山井和則／吉田 泉／笠 浩史／若井康彦／鷲尾英一郎／渡辺 周

アンケートについて

- アンケート実施期間：2013年4月25日～2013年8月9日
- アンケート対象者：民主党衆議院議員56名（2012年総選挙で初当選した1名を除く）
- 回答者数：45名（全体の80.4%）
- 四捨五入などにより、合計が100%にならない場合がある

アンケート結果（抜粋）

Q1. 3年3か月にわたる民主党の政権運営をどう評価しますか？

1. 評価できる　2件　（4%）
2. ある程度評価できる　33件（73%）
3. あまり評価できない　9件（20%）
4. 評価できない　0件　（0%）

未回答　1件　（2%）

Q2. 民主党政権が有権者の支持を失う決定的なターニングポイントはどの時期だと思いますか？　ひとつ選んで○をつけてください。

1. 陸山会土地問題で、小沢一郎氏の元秘書が逮捕された時点（2010年1月）　1件　（2%）
2. 普天間基地移設が当初案（辺野古）に戻り社民党が連立離脱した時点（2010年5月）　12件（27%）
3. 2010年参院選での菅首相の消費税増税発言の時点（2010年6月）　14件（31%）
4. 尖閣諸島漁船衝突事件の処理（2010年9月）　2件　（4%）
5. 東日本大震災を受けての菅首相の浜岡原発停止要請（2011年5月）　1件　（2%）
6. 自民党による菅首相の福島原発事故対応の追及（2011年5月ごろ）　0件　（0%）
7. 民主党が自民・公明両党との合意で子ども手当を事実上廃止、旧児童手当制度の復活拡充の方向性を明らかにした時点（2011年8月）　0件　（0%）
8. 消費税法案の閣議決定（2012年3月）　2件　（4%）
9. 小沢一郎氏らの離党（2012年7月）　5件（11%）
10. その他　7件（16%）

未回答　1件　（2%）

ヒアリング協力者一覧

東 祥三	前衆議院議員（内閣府副大臣）
安住 淳	衆議院議員（財務大臣）
伊原智人	Green Earth Institute 株式会社ゼネラルマネージャー（内閣官房国家戦略室企画調整官）
逢坂誠二	前衆議院議員（総務大臣政務官）
岡田克也	衆議院議員、民主党最高顧問（副総理）
小川淳也	衆議院議員（総務大臣政務官）
海江田万里	衆議院議員、民主党代表（経済産業大臣）
片山善博	慶應義塾大学教授（総務大臣）
菅 直人	衆議院議員、民主党最高顧問（第94代内閣総理大臣）
北澤俊美	参議院議員、民主党副代表（防衛大臣）
鈴木克昌	衆議院議員、生活の党幹事長（総務副大臣）
仙谷由人	前衆議院議員（内閣官房長官）
直嶋正行	参議院議員、民主党副代表（経済産業大臣）
長島昭久	衆議院議員（防衛副大臣）
西村智奈美	前衆議院議員（厚生労働副大臣）
野田佳彦	衆議院議員、民主党最高顧問（第95代内閣総理大臣）
平田オリザ	劇作家、演出家（内閣官房参与）
福島伸享	前衆議院議員
福山哲郎	参議院議員（内閣官房副長官）
藤井裕久	前衆議院議員（財務大臣）
細野豪志	衆議院議員、民主党幹事長（環境大臣）
前原誠司	衆議院議員（国土交通大臣）
松井孝治	参議院議員（内閣官房副長官）
松本剛明	衆議院議員（外務大臣）
馬淵澄夫	衆議院議員（国土交通大臣）
山崎史郎	内閣府政策統括官（内閣総理大臣秘書官）
湯浅 誠	反貧困ネットワーク事務局長（内閣府参与）

五十音順、敬称略
肩書きはヒアリング時点のもの（カッコ内は民主党政権時の主な役職）
実施期間：2013年２月11日〜７月１日
実施回数と人数：30回（ゲスト27名）

	9月7日	尖閣諸島沖で中国漁船衝突事件が発生。翌8日、中国人船長を逮捕
	9月14日	代表選で小沢一郎を破り、菅直人が再選
	9月24日	中国人船長を処分保留のまま釈放することを決定
	12月17日	新たな防衛計画の大綱を閣議決定（「動的防衛力」概念の導入）
2011年	1月31日	政治資金規正法違反容疑で小沢一郎が強制起訴される
	3月11日	東日本大震災
	6月2日	小沢グループに同調の動きがあるも、内閣不信任案を否決
	9月2日	**野田佳彦**内閣発足。幹事長は輿石東
	12月	閣僚の失言や議員の離党が相次ぐ
	12月27日	武器輸出三原則を緩和
2012年	4月16日	石原慎太郎東京都知事が都による尖閣諸島購入を宣言
	4月26日	小沢一郎に東京地裁で無罪判決
	6月26日	「社会保障・税一体改革関連法案」（消費税増税、子ども・子育て新システムなど）が衆院本会議で可決。鳩山、小沢ら72名が造反
	7月2日	小沢一郎はじめ、衆参で50名が離党届を提出。小沢は「国民の生活が第一」を結党へ
	8月10日	李明博韓国大統領が竹島上陸 「社会保障・税一体改革関連法案」が参院本会議で可決
	9月11日	尖閣諸島を国有化
	12月16日	衆院選で231議席から57議席に激減する惨敗。自民党が294議席を獲得し政権復帰
	12月25日	**海江田万里**が代表に。幹事長は細野豪志
	12月26日	第2次安倍晋三内閣発足
2013年	2月24日	党大会で綱領を制定
	7月21日	参院選で改選17議席にとどまる惨敗。自民党が65議席を獲得し、ねじれ解消

	9月26日	福田康夫内閣発足
	11月2日	福田首相と小沢代表の会談で大連立を協議（民主党内の批判もあり、実現せず）
2008年	9月15日	リーマン・ブラザーズが経営破綻。リーマン・ショックへ
	9月24日	麻生太郎内閣発足
2009年	3月3日	西松建設企業献金問題で小沢代表の公設秘書が逮捕される
	5月16日	**鳩山由紀夫**が代表に。代表選で敗れた岡田克也が幹事長に
	7月19日	鳩山代表が沖縄市の集会で普天間基地の移設先を「最低でも県外、できることなら国外へ」と発言
	8月30日	衆院選で民主党が308議席を獲得し、政権交代。自民党は119議席に激減
	9月16日	**鳩山由紀夫**内閣発足。社民党、国民新党と連立政権樹立
	9月18日	小沢幹事長が「政府・与党一元化における政策の決定について」という文書を党所属議員に配布 国家戦略室と行政刷新会議を設置
	10月16日	2010年度予算の概算要求とりまとめ。過去最大の95兆円に膨張
	11月11日	事業仕分け第1弾開始（削減額は約7000億円）
	11月13日	東京で鳩山首相とオバマ大統領の日米首脳会談（トラスト・ミー発言）
	12月15日	7.2兆円の緊急経済対策費を盛り込んだ2009年度第2次補正予算案を閣議決定
	12月16日	小沢幹事長が「2010年度予算と税制に関する党の要望書」（重点要望）を首相に手渡す
2010年	1月15日	小沢幹事長の政治資金問題で石川知裕議員ら元秘書と秘書3人が逮捕
	3月9日	岡田克也外相が核密約問題の調査結果を公表
	5月28日	日米安全保障協議委員会で普天間飛行場の移設先を辺野古とすることを確認
	5月30日	米軍基地移設問題に反発し、社民党が連立政権から離脱
	6月8日	**菅直人**内閣発足
	6月17日	菅首相が記者会見で消費税10%発言
	6月22日	財政運営戦略を閣議決定
	7月11日	参院選で改選44議席の敗北。自民党は51議席を獲得し、ねじれ国会に

民主党政権 関連年表

年	出来事
1996年	9月28日　(旧)民主党結党。**菅直人**と**鳩山由紀夫**が共同代表に
	10月20日　衆院選で52議席を維持。自民党239議席、新進党156議席
1997年	9月16日　**菅直人**が代表、鳩山由紀夫が幹事長に
1998年	4月27日　新進党から分かれた民政党などが合流し、(新) 民主党結成。菅直人が代表に
	7月12日　参院選で改選27議席を獲得。自民党は44議席にとどまり、橋本龍太郎首相が退陣へ
	7月30日　小渕恵三内閣発足
1999年	9月25日　**鳩山由紀夫**が代表に
2000年	4月1日　自自公連立から自由党が離脱。自公保連立へ
	4月5日　森喜朗内閣発足
	6月25日　衆院選で127議席を獲得し、95議席から伸張。自民党は233議席で自公保政権維持
2001年	4月26日　小泉純一郎内閣発足
	7月29日　参院選で微増の改選26議席にとどまる。自民が64議席獲得して勝利
2002年	12月10日　**菅直人**が代表に（自由党との合併問題などで、鳩山由紀夫が代表を辞任したため）
2003年	9月24日　民由合併。衆議院137、参議院67の勢力に
	11月9日　衆院選（マニフェスト選挙）で177議席に躍進。自民党は237議席で政権維持
2004年	5月18日　**岡田克也**が代表に（年金未納問題で菅直人が代表を辞任したため）
	7月11日　参院選で改選50議席を獲得し、49議席の自民党を上回る勝利
2005年	9月11日　衆院選（郵政選挙）で自民党が296議席を獲得する圧勝。民主党は113議席の惨敗
	9月17日　**前原誠司**が代表に
2006年	3月31日　偽メール問題で前原誠司が代表辞任
	4月7日　**小沢一郎**が代表に。鳩山由紀夫が幹事長、菅直人が代表代行の「トロイカ体制」
	9月26日　安倍晋三内閣発足
2007年	7月29日　参院選で改選60議席を獲得する圧勝。自民党は37議席の大敗。非改選とあわせて民主109、自民83となりねじれ国会に

メンバー紹介

(肩書きは刊行当時)

■プロジェクト・メンバー

中野晃一(なかの・こういち) **プロジェクト座長、序章、第6章**
　上智大学国際教養学部教授

中北浩爾(なかきた・こうじ) **第1章**
　一橋大学大学院社会学研究科教授

塩崎彰久(しおざき・あきひさ) **第2章**
　長島・大野・常松法律事務所パートナー弁護士

田中秀明(たなか・ひであき) **第3章**
　明治大学公共政策大学院ガバナンス研究科教授

神保 謙(じんぼ・けん) **第4章**
　慶應義塾大学総合政策学部准教授

萩原久美子(はぎわら・くみこ) **第5章**
　下関市立大学経済学部国際商学科教授

フィリップ・リプシー(Phillip Y. Lipscy) **第7章**
　スタンフォード大学政治学部助教授、同大アジア太平洋研究センターフェロー

村井哲也(むらい・てつや) **第7章執筆協力**
　明治大学法学部非常勤講師

大軒由敬(おおのき・よしのり) **エディター**
　前朝日新聞社論説主幹

■事務局

プログラム・ディレクター

船橋洋一(ふなばし・よういち) **はじめに、終章、おわりに**
　一般財団法人日本再建イニシアティブ理事長

スタッフ・ディレクター
俵 健太郎　一般財団法人日本再建イニシアティブ主任研究員
スタッフ・ディレクター・アシスタント
馬場 綾　一般財団法人日本再建イニシアティブ
前田三奈　一般財団法人日本再建イニシアティブ
尾関宏美　一般財団法人日本再建イニシアティブ

日本再建イニシアティブ

日本が直面する戦略的課題を調査・検証し，民間の独立した立場とグローバルな視点から，日本を再建する新たなビジョンを描くことを目的とするシンクタンク．最初のプロジェクト「福島原発事故独立検証委員会（民間事故調）」では，国民の目線から事故対応の問題点の分析や事故の歴史的・構造的背景について調査を行った．創設者は元朝日新聞社主筆の船橋洋一．2011年9月に設立，2017年7月に一般財団法人アジア・パシフィック・イニシアティブ（API）に改組し，2022年7月に公益財団法人国際文化会館と合併．

民主党政権《みんしゅとうせいけん》 失敗《しっぱい》の検証《けんしょう》
中公新書 *2233*

2013年9月25日初版
2024年6月25日6版

著　者　日本再建《にほんさいけん》イニシアティブ

発行者　安部順一

本文印刷　暁印刷
カバー印刷　大熊整美堂
製　本　小泉製本

発行所　中央公論新社
〒100-8152
東京都千代田区大手町1-7-1
電話　販売 03-5299-1730
　　　編集 03-5299-1830
URL https://www.chuko.co.jp/

Published by CHUOKORON-SHINSHA, INC.
Printed in Japan　ISBN978-4-12-102233-2 C1231